12-10

P. Pacheco

BREVIARIOS
del
Fondo de Cultura Económica

2

LA INQUISICIÓN ESPAÑOLA

Traducción de

JAVIER MALAGÓN BARCELÓ
y HELENA PEREÑA

La Inquisición española

por A. S. TURBERVILLE

FONDO DE CULTURA ECONÓMICA
MÉXICO

Primera edición en inglés,   1932
Primera edición en español,   1948
    Décima reimpresión,   1994

Título original:
The Spanish Inquisition
© 1932, Oxford University Press, Londres

D. R. © 1949, Fondo de Cultura Económica
D. R. © 1992, Fondo de Cultura Económica, S.A. de C. V.
Carretera Picacho-Ajusco 227; 14200 México, D. F.

ISBN 968-16-0698-1

Impreso en México

I

LA INQUISICIÓN MEDIEVAL Y LA ESPAÑA MEDIEVAL

La fama de la Inquisición española, tal como fue instituida por Fernando e Isabel, a fines del siglo xv, ha tendido a ocultar, a los ojos de la mayoría, el hecho de que el Santo Oficio actuaba en muchos otros países, además de España, y de que existió mucho antes del siglo xv. Es cierto que el tribunal español tuvo características distintivas que justifican la costumbre de considerarlo como una institución diferente, pero no es posible apreciar sus peculiaridades sin referirse a la Inquisición en otros países y en otras épocas.

La Inquisición se desarrolló en la Edad Media como un instrumento eficaz para hacer frente al problema de la herejía que, en el siglo xii, se había convertido en una seria amenaza para la Iglesia católica. Literalmente, herejía significa selección, y en aquella época nadie se atrevía a poner en duda la enormidad del pecado de seleccionar las creencias en vez de aceptar íntegra la fe de la Iglesia, salvo, naturalmente, los propios herejes. Aunque habían existido diferentes puntos de vista entre los primitivos Padres de la Iglesia en cuanto a los métodos adecuados para proceder contra los herejes, no había duda en lo que a su culpabilidad se refería, y Policarpo habla de ellos como del Anticristo, primer hijo del diablo. Tomás de Aquino, en la *Summa Theologica*, obra suprema de la ciencia del siglo xiii, compara al hereje con un monedero falso. Del mismo modo que éste corrompe la moneda, necesaria para la vida temporal, el hereje corrompe la fe, indispensable para la vida del alma. La muerte es el justo castigo que el príncipe secular debe imponer al monedero falso y, por consiguiente, la muerte debe ser la justa retribución del hereje, cuya ofensa es mucho más grave por ser la vida del alma más preciosa que la del cuerpo.

Este razonamiento se basa en dos presunciones fundamentales, cuyo conocimiento es de capital importancia para comprender a la Inquisición. La primera es la de que exis-

7

te una *Respublica Christiana*, una sola sociedad cristiana, como existe una sola Iglesia católica, y que tanto éstas como el Estado tienen, como fundamento básico, las verdades de la religión cristiana. La segunda es la de que la seguridad de los cuerpos político y eclesiástico exige una disciplina en la Iglesia y en el Estado, con objeto de que los súbditos obedezcan a sus legítimos gobernantes, civiles y jerárquicos. El hereje es, pues, al igual que el criminal, un rebelde y un paria.

Es un error concebir la persecución de los herejes como algo impuesto por la Iglesia al Estado laico, que la miraba con repugnancia o indiferencia. En la Edad Media el hereje era una persona impopular. En efecto, a fines del siglo XI y comienzos del XII, se registran casos de herejes linchados por las turbas enfurecidas, que consideraban al Clero demasiado indulgente; y las autoridades seculares normalmente cooperaban gustosas con las eclesiásticas en el esfuerzo para extirpar un mal que se estimaba peligroso, tanto para la sana moral como para la sana doctrina, pues un árbol podrido da frutos podridos, y un hombre que tenga creencias falsas actuará equivocadamente. En 1184 tuvo lugar, en Verona, una entrevista muy importante entre el papa Lucio III y el emperador Federico Barbarroja, en la que el Sumo Pontífice y el supremo seglar de la Cristiandad acordaron actuar conjuntamente contra la herejía y decidieron que la última pena por obstinación en ese delito sería el exilio y la confiscación de bienes. En 1197, el rey Pedro II de Aragón fue todavía más lejos. Decretó que la máxima pena para la herejía fuese la deportación, pero añadía que si el delincuente permanecía en sus dominios desafiando el edicto, sería condenado a muerte. En una Constitución dada a Lombardía, por el emperador Federico II, en 1220, se prescribía que los castigos para la herejía serían los acordados en la entrevista de Verona; pero en 1224 se ordenó que a los herejes se les cortase la lengua o que muriesen quemados. En las Constituciones de Melfi, aplicadas sólo a la isla de Sicilia, el Emperador omitió la alternativa más moderada, y en 1238 decretó, en Alemania, la muerte en la hoguera como castigo a la herejía. De modo similar, en Francia, los *Établissements* de Luis IX (1270) disponían que la muerte en la hoguera fuese el justo castigo de la herejía. Ciento treinta años más tarde, en 1401, la misma pena aplicada a este delito se incorporó al derecho inglés mediante el decreto *De Heretico Comburendo*.

Existía un punto de vista generalmente aceptado, sostenido por los seglares y el Clero en la cristiandad medieval (excepto, naturalmente, en aquellas comunidades, relativamente escasas, en las cuales la herejía era tan poderosa que dominaba la situación, singularmente en Languedoc, durante la segunda mitad del siglo XII), acerca de que la herejía era el más abominable de los delitos, justamente castigado con la más espantosa de las muertes. Pero por otro lado hay que añadir que esta convicción tan difundida fue el resultado de las enseñanzas de la Iglesia, la cual se preocupó en primer lugar del delito de error en la creencia. El lego sencillo y sin instrucción tenía escasos conocimientos teológicos y, salvo en casos muy claros, no estaba en condiciones de distinguir entre lo ortodoxo y lo heterodoxo, que con frecuencia era una cuestión de no poca sutileza. Una cosa es tener conciencia de la enormidad del error y otra, completamente distinta, averiguarlo. Así el brazo secular era competente para castigar la herejía, pero no para investigarla, por no estar provisto del conocimiento técnico necesario. De ahí que la búsqueda y el enjuiciamiento de los herejes fuera de la competencia de la autoridad eclesiástica pertinente en su corte diocesana; esta autoridad era la del obispo a quien incumbía determinar el crimen de herejía, así como otros diversos delitos eclesiásticos.

Es digno de notar que en ningún momento se puso fin a la autoridad del obispo, en relación a la herejía; pero a principios del siglo XIII ya se percibió que el mecanismo de vigilancia episcopal era completamente inadecuado para proceder contra movimientos heréticos tan extendidos y formidables como los del Catarismo y Valdensianismo, que habían llegado a ser muy importantes, especialmente en el sur de Francia y en el norte de Italia, aunque también en

Alemania y en otros países. Pero donde la situación llegó a ser más alarmante fue en los territorios de los Condes de Tolosa, y el famoso ensayo para eliminar a los herejes de esta región por la fuerza de las armas en las Cruzadas albigenses, emprendidas a requerimiento del papa Inocencio III, es el ejemplo clásico de persecución con éxito completo. Fracasadas por igual, la empresa misionera en la conversión de los descarriados, y la justicia episcopal en el castigo de los obstinados, se recurrió a la fuerza de las armas; pero ésta no habría logrado un éxito tan rotundo si no hubiese recibido ayuda. Las Cruzadas albigenses triunfaron principalmente porque facilitaron el camino para introducir en el país de Languedoc una organización eficaz para combatir la herejía, que subsistió mucho tiempo después de la salida de los cruzados. Esta organización era la de la Inquisición.

Las deficiencias en el mecanismo de que disponía el Obispo para proceder contra la herejía son manifiestas. En primer lugar, su autoridad se reducía a su propia diócesis, y, por consiguiente, era demasiado limitada para permitirle enfrentarse, de manera eficaz, con un problema internacional. En segundo lugar, sus deberes eran demasiado onerosos y diversos para permitirle dedicar el tiempo y los constantes cuidados que la magnitud y urgencia de esta tarea particular exigían. Efectivamente, en una carta muy importante del papa Gregorio IX, fecha de abril de 1233, se describe a los obispos como oprimidos por un "torbellino de vigilancias" y por unas "inquietudes abrumadoras", y en ella se explica que, en vista de estas perturbaciones, se ha decidido enviar a los frailes dominicos o predicadores para que libren la batalla contra los herejes de Francia. En la medida en que es legítimo atribuir el origen de una institución semejante a un hombre y a una fecha determinados, el origen de la Inquisición puede atribuirse a Gregorio IX y a ese año de 1233. Gregorio había visto en la existencia de las dos grandes órdenes mendicantes la oportunidad para crear una fuerza experta de hombres adiestrados en la misión especial de combatir la herejía. En verdad, eran perfectamente idóneos para la tarea, debido a que estaban libres de lazos monásticos o parroquiales, a sus elevados y todavía inmaculados ideales de veneración hacia el espíritu de sus fundadores, a su celo misionero y a la eminencia intelectual de muchos de sus miembros, especialmente entre los predicadores. Los frailes, como expertos, colaborarían con los obispos en la investigación y enjuiciamiento de casos de perversión herética. Por de pronto su autoridad se consideraba como coordinada con la de los obispos, pero antes de que transcurriera mucho tiempo, estos últimos fueron quedando en segundo plano, a pesar de las protestas de los más enérgicos, quienes empezaron a resentirse de lo que consideraban como una usurpación de poderes. Los especialistas que dedicaban todo su tiempo, pensamiento y energía a un solo fin, estuvieron llamados a obtener la autoridad efectiva, tan pronto como empezaron a formular una técnica distintiva y un cuerpo definido de principios jurídicos. En los tribunales de nueva creación para el juicio de herejía y otros delitos que implican esta última, la figura central no era la del Obispo, sino la del fraile Inquisidor.

¿Por qué a este tribunal para juzgar la herejía —que propiamente se denomina Santo Oficio— le llamamos Inquisición? ¿Por qué es conocido como Inquisidor el principal oficial que actúa como juez? La respuesta está en que el Inquisidor no era solamente un juez y sus deberes no quedaban encerrados entre las paredes del tribunal. Era también un investigador, y él y sus auxiliares se ocupaban no sólo de enjuiciar al delincuente, sino también de la función policial de llevarlo a los tribunales. La palabra Inquisición está también relacionada con el método con que se realiza el proceso. El procedimiento normal en los tribunales eclesiásticos ordinarios era, o bien la *denuntiatio* de un arcediano, o bien la *accusatio* de un individuo particular, que proporcionaba información de su propio conocimiento personal. En el siglo XIII ninguno de estos métodos resultó adecuado para proceder contra la herejía. Los deberes del arcediano eran múltiples y no se podía esperar que por su mediación se acusase a gran número de herejes; y el método de confiar en las actividades del individuo particular resultaba en extremo aventurado. Era probable que los particulares fuesen demasiado tibios para significarse en las comarcas en donde la herejía no estaba muy difundida, y que el temor a las represalias les contuviera en las zonas donde aquélla estaba profundamente arraigada. Lo cierto es que, en su campaña contra la perversidad herética las autoridades se vieron entorpecidas por la carencia de una fuerza de policía.

¿Cómo solucionar esta deficiencia? En el Edicto de Verona (1184), se ordenó a los obispos que hiciesen visitas periódicas a las parroquias tildadas de herejía, comprendidas en sus diócesis respectivas, y que obligasen a los vecinos de confianza —e incluso a la población entera— a que diesen el nombre de las personas de su trato cuyo modo de vivir difiriese, de manera sospechosa, de los buenos católicos. Este sistema mejoró en 1227, cuando un concilio celebrado en Narbona acordó que los obispos debían nombrar en cada una de sus parroquias *testes synodales* (testigos sinodales), con la obligación de inquirir diligentemente lo relativo a la herejía y dar información a sus obispos. De esta manera se creó una especie de policía extraoficial con el propósito expreso de descubrir a los herejes, y las autoridades obtenían la *diffamatio* de cada localidad contra las personas consideradas sospechosas por los vecinos. Fundada en la delación, en la denuncia específica en algunos casos, en el mero rumor en otros, la acción del Inquisidor podía seguir su curso. Le facilitaron mucho la tarea sus *familiares* o agentes, que podían ser utilizados como detectives, y el ardid de proclamar un "tiempo de gracia", por ejemplo, de conceder al hereje la completa exención o una mitigación considerable de las penas a que se hubiera hecho acreedor, siempre que se entregase dentro del espacio señalado y facilitase información no sólo contra él, sino contra sus cómplices. Este proceso de investigación preliminar se conocía técnicamente como la *inquisitio generalis*. A ésta sucedía la *inquisitio specialis* o verdadero juicio de las personas incriminadas, y en él aparecía el Inquisidor con la doble calidad de acusador y de juez, combinación anómala de funciones incompatibles, que respondía al hecho de que el Inquisidor no se consideraba ni como acusador ni como juez, sino simplemente como un Padre confesor que trataba de llevar al arrepentimiento a los equivocados, para imponerles la penitencia adecuada a la falta confesada. Como veremos, la Inquisición española de los últimos tiempos siguió estos métodos de los tribunales medievales, con la excepción de que empleaba un funcionario acusador que presentaba un cargo definido contra el acusado, de manera que la posición del Inquisidor era, en todo caso, ostensiblemente menos ambigua.

La Inquisición medieval fue esencialmente una institución ideada por el Papado y dominada por él; pero en Francia, de todos modos, tuvo que contar con el poder de la Corona. Incidentalmente, su labor en el Languedoc ayudó al engrandecimiento de la monarquía francesa, llevando a una completa sumisión a la Corona regiones que hasta entonces habían sido virtualmente posesiones independientes de los Condes de Tolosa. A medida que aumentaba la fuerza de la monarquía y que declinaba la del Papado, desacreditada por la "cautividad de Babilonia" y el subsecuente escándalo del cisma, decrecía la influencia de la Inquisición en el país, al extremo de que en los tiempos del calvinismo encontramos que quien emprende la represión de la herejía no es la Inquisición, sino la Universidad de París —con su gran tradición en la ciencia teológica—, mediante una Cámara especial del *Parlement* llamada *Chambre Ardente*.

La Inquisición medieval, dirigida por una autoridad internacional, era también internacional en su provincia. Penetró en muchos países —incluso en la Europa oriental más allá del Adriático, aunque nunca se afianzó allí—, pero donde llegó a tener realmente una fuerza eficaz fue sólo en la Europa occidental.

Poco logró en Hungría, Bohemia y Polonia, y nunca penetró en Escandinavia. En Inglaterra apareció solamente una vez —en 1309—, cuando comisionados especiales del Papa, de acuerdo con la autoridad episcopal del país, iniciaron procedimientos contra los Templarios ingleses, orden que había sido infamada de herejía. El hecho de que la tortura no se empleaba en el país les obstaculizó su función, y a pesar de que más tarde Eduardo II autorizó el uso de aquélla, progresaron muy lentamente. Fue en Francia, Alemania e Italia, donde la Inquisición medieval mostró más energía y poder; pero en la época en que Fernando e Isabel dieron un nuevo paso hacia la actividad inquisitorial, la Inquisición papal estaba en todas partes virtualmente extinguida o moribunda. Sesenta años más tarde el Santo Oficio recibió también nuevo impulso en Italia, siendo el renacimiento de la Inquisición papal uno de los hechos más sobresalientes de la Contrarreforma. Pío V, uno de los más famosos papas de la época, había sido un celoso Inquisidor antes de su elevación al pontificado. Tanto en España como en Roma, las inquisiciones modernas fueron en parte creaciones nuevas, y en parte renacimientos. Fernando e Isabel no comenzaron en suelo absolutamente virgen. La Inquisición papal había entrado en España en la Edad Media, pero por razones que hay que tener en cuenta, no había sido en este país una institución floreciente.

En la Edad Media, España era simplemente un término geográfico. Había sido una provincia muy importante del Imperio romano que engendró algunos de los mejores escritores latinos de la edad de plata, y que facilitó potencial humano muy eficiente para las legiones. En el siglo v los bárbaros penetraron en el país —alanos, suevos y vándalos—, causando grandes daños, aunque no se establecieron de manera permanente; más importantes fueron los visigodos, que hicieron la paz con los emperadores romanos y que gobernaron a España en su nombre. Virtualmente, existió un reino visigodo en España hasta principios del siglo VIII, cuando aparecieron nuevos invasores: los bereberes del norte de África. Así se introdujo la civilización mahometana, y los Califas de raza árabe reinaron en Córdoba hasta 1031. En ciencias y artes la España sarracena fue más avanzada que el pueblo cristiano de la Europa occidental, especialmente en medicina y matemáticas, mientras que la arquitectura, aunque no fue de primera calidad, tenía un encanto que sobrevive hasta la fecha. La dominación de los árabes fue, en conjunto, claramente beneficiosa; a diferencia de los turcos otomanos, no eran, por lo general, fanáticos musulmanes. Muchos cristianos se convirtieron al Islam y se celebraron numerosos matrimonios entre las dos razas. La gran dinastía Omeya alcanzó el cenit de su poder a mediados del siglo X; después se inició el declive y el Estado moro se desintegró. Durante los siglos XI, XII y XIII, la Reconquista de la Península para la Cristiandad, iniciada en el siglo VIII, progresó rápidamente.

La dominación musulmana no se extendió al extremo norte de España, en las regiones de la costa vizcaína, de los montes Cantábricos y de los Pirineos. A principios del siglo XI, Fernando I, hijo de Sancho de Navarra, que gobernó los reinos de León y de Castilla, conquistó la parte norte del reino musulmán de Toledo (1062), llevando las fronteras de Castilla muy cerca de las riberas del Tajo. Las guerras de su hijo Alfonso VI, que capturó la ciudad de Toledo en 1085,[1] están asociados a la figura semimítica del Cid, quien aunque en la poesía y en la leyenda aparece como el prototipo del caballero cristiano, fue tal vez, en realidad, un soldado sin señor (*exido*, *salido*), que luchaba siempre por su cuenta, perfectamente dispuesto a ayudar a los moros cuando creía que esto sería más ventajoso para él. Realmente, estas guerras se emprendieron con muy poco rencor religioso. Entre varios pequeños

[1] Representa la conquista de Toledo, plaza fuerte de considerable importancia estratégica por señorear la línea del Tajo y por su misma topografía local, uno de los momentos decisivos en el cambio de las respectivas posiciones del poder musulmán y el cristiano. La pérdida de la ciudad impresionó fuertemente a los mahometanos y produjo como consecuencia la reconquista de muchas ciudades de aquella zona, desde Talavera al oeste, hasta Uclés y Cuenca, al este. También permitió repoblar en firme otras ciudades y distritos de retaguardia, como Salamanca, Ávila, Arévalo, Olmedo, Medina, Segovia y Cuéllar. Altamira, *Manual de Historia de España* (2ª ed., Buenos Aires, 1946), pp. 176 y 177. [T.]

reinos cristianos, dos predominaron sobre el resto: Castilla, que absorbió a León; Aragón, que absorbió a Cataluña. En 1212 fuerzas aragonesas y castellanas aliadas y ayudadas por una multitud abigarrada de cruzados procedentes de otras tierras ganaron una resonante victoria sobre los moros en las Navas de Tolosa, al sur de la Sierra Morena. Fernando III de Castilla (1217-52) extendió sus conquistas hasta Córdoba y Sevilla, que habían sido los verdaderos centros del poderío moro. Jaime de Aragón (el Conquistador, 1213-76), anexionó a su reino las islas Baleares y Valencia. A comienzos del siglo xiv la España musulmana se reducía al reino de Granada.

A fines de la Edad Media la historia de España es extremadamente desarticulada; no existe un motivo central, como el de la reconquista cristiana, que le dé unidad e interés. En el siglo xiv la Corona de Castilla había decaído en manos de débiles e indignos gobernantes, tales como el endeble y apático Juan II y su desgraciado sucesor Enrique IV "el Impotente". La historia de Aragón durante el mismo período no es más satisfactoria, al estar seriamente limitado el poder de la monarquía por los excesivos privilegios de que gozaban los nobles y por los considerables poderes que poseían las Cortes de Aragón, Cataluña y Valencia. Pero en 1474 subió al trono Isabel de Castilla y cinco años más tarde su marido Fernando ciñó la corona del reino de Aragón, empezando con esto una nueva era. La unión de los dos reinos constituida por esta alianza matrimonial fue solamente personal; en muchos aspectos sus intereses permanecieron independientes. Pero este enlace fue mucho más que un mero signo de concordia; significaba unidad política y fusión de recursos: era la creación de la España moderna.

El problema de formar una cierta unión nacional y política en el país continuó siendo por largo tiempo una de las mayores dificultades. Este considerable progreso hecho durante el reinado de Fernando e Isabel, es una indicación, no sólo del valor práctico de su matrimonio para los intereses del país, sino también de su notabilísima capacidad. Existían extraordinarias diversidades de carácter entre los diferentes pueblos de España: castellanos, gallegos, catalanes, valencianos, andaluces, etc. Había también diferencias radicales de raza y religión. Durante muchos siglos los judíos constituyeron un gran sector de la población; también los moros, esparcidos como los judíos en todas las partes del país, aunque en mayor número en el sur y en el este. En el extremo sur existía el reino musulmán independiente de Granada. Hasta que fue sometido este reino, no se completó la Reconquista cristiana de España. Y aun así, con tantos mahometanos y hebreos esparcidos entre los cristianos, ¿podría decirse que la reconquista fue completa?

No es de extrañar que la Inquisición no jugase un gran papel en la España medieval, puesto que el país había sido cristiano solamente en parte, y los reyes cristianos se habían enfrentado con la tarea de recuperar el territorio en manos de sus adversarios de otro credo, más que con la de mantener la integridad del que poseían. Pero, como hemos visto, Pedro II de Aragón había publicado un severo edicto contra la herejía a fines del siglo XII, y en 1226 Jaime I prohibió la entrada de herejes en su reino. Esta última medida se debió, sin duda, a la natural tendencia de los perseguidos cátaros de Languedoc, que buscaban refugio allende los Pirineos, en el asilo más cercano. La proximidad de los herejes del sudoeste de Francia hizo sentir en Aragón el problema de la herejía, cosa que no sucedió en Castilla.

En 1232 Gregorio IX publicó una bula (*Declinante*), dirigida al Arzobispo de Tarragona, ordenándole la búsqueda y el castigo de los herejes comprendidos en su diócesis. Es digno de nota que esta bula parece haber sido publicada bajo la influencia de un español, Raimundo de Peñafort, el más grande dominico de su época, el cual gozaba entonces de un gran poder en la corte papal, y fue quizás el principal inspirador de la política de persecución seguida por Gregorio y, por tanto, el creador original de la Inquisición medieval. Al año siguiente, Jaime, aconsejado por eclesiásticos reunidos en Tarragona, promulgó una ley que castigaba con la confiscación de sus bienes a los señores que protegiesen a los herejes, y declaró que los sospechosos de herejía no podrían ejercitar ningún ministerio en el Estado. En el año 1237 encontramos frailes dominicos persiguiendo infatigablemente a los herejes del reino; un año después, los franciscanos les ayudaron en esta tarea. Pero la persecución no parece haber sido efectiva, y en 1254 el Rey instó al papa Inocente IV a que hiciera nuevos esfuerzos. Este último encargó exclusivamente a los dominicos la búsqueda de herejes. Las exhortaciones de un consejo reunido en Tarragona en 1291 sugerían que las medidas tomadas hasta entonces eran, de todas maneras, inadecuadas a los ojos del Clero. Pero diez años más tarde la Inquisición fue verdaderamente poderosa, pues sabemos que algunos herejes obstinados fueron quemados, y que varios inquisidores del período siguiente, especialmente Nicolás Rosselli, más tarde cardenal, se ganaron gran reputación por su energía.

El más notable de los inquisidores medievales en España fue Nicolás Eymeric, cuyo *Directorium Inquisitorum* es el más completo, sistemático y autorizado de todos los manuales de esta naturaleza. Eymeric tuvo una carrera muy accidentada, pues cayó en desgracia de Juan I y tuvo que exiliarse por dos veces. La hostilidad del Rey se debió al hecho de que Eymeric era el mayor enemigo de los adeptos de Ramón Lull, una de las más extraordinarias figuras de la Edad Media, por su erudición, la prolijidad de sus escritos y el celo casi fanático con que dedicó su vida a la conversión de los herejes e infieles. Eymeric, cuyo *Directorium* está lleno de animosidad contra él, consideraba que el mismo Lull había sido un hereje, y enumeraba no menos de un centenar de errores capitales que le atribuía. El crimen más atroz de Lull a los ojos de Eymeric, era su confianza en la eficacia de la controversia, del recurso a la razón como medio para la conversión y su aserto de que era equivocado matar a los herejes, y de que los judíos y mahometanos podían salvarse. Lull había sido terciario de la orden franciscana, y la exorbitante admiración que profesaban los frailes menores a la fama del filósofo provocó la mayor indignación de Eymeric, que era dominico. Buena razón tenía para crecer el resentimiento en el espíritu de Eymeric, puesto que el mismo monarca era un amigo de los hombres a quienes aquél consideraba como herejes peligrosísimos. Se quejaba también amargamente de la falta de fondos que sufría el tribunal aragonés. Como los ingresos de la Inquisición procedían en gran parte de propiedades confiscadas, su penuria puede significar que los herejes de Aragón eran pocos, o que eran pobres; tal vez ambas cosas. No obstante, sabemos que el sucesor de Eymeric alcanzó grandes éxitos, es decir, castigó a muchos herejes. Parece que, a mediados del siglo xv, había en el país un número considerable de valdenses, muchos de los cuales volvieron al seno de la Iglesia, pero algunos fueron quemados. A principios de siglo se estableció un tribunal independiente en Valencia; en las Islas Baleares se había constituido otro, aproximadamente cien años antes. Pero la multiplicación de tribunales no representó un engrandecimiento del poder inquisitorial, y parece que en el siglo xv el Santo Oficio no ejerció gran influencia en el reino ni gozó de mucha consideración.

Al mismo tiempo que la Inquisición era poco fuerte en el reino de Aragón y sus dependencias, en Castilla no existía en forma alguna. La leyenda atribuye la creación de una Inquisición castellana a Santo Domingo. Era muy natural atribuir este origen a una institución en la que sus adeptos estaban estrechamente relacionados con tan ilustre organizador y predicador, que era ferviente misionero entre los herejes; pero la Inquisición no existía, en absoluto, en la época de Santo Domingo. Por lo tanto, Castilla, a diferencia de Aragón, desconocía el funcionamiento del Santo Oficio cuando Fernando e Isabel fundaron la moderna Inquisición de España. Pero ninguna parte del país se había encontrado con un tribunal tan eficaz o tan poderoso como esta nueva institución a la que los Reyes Católicos imprimieron en no escasa medida su sello personal: la arrogancia de uno, el fervor religioso de otro. La instalación de la nueva Inquisición por los Reyes Católicos

debe considerarse como una parte de su propósito de organización y unificación política. Fue posible gracias al progreso que ya se había realizado en el proceso de unificación; fue el resultado de la gradual reconquista cristiana de
la Península y puede, también, considerarse como la iniciación de la última etapa de ese proceso.

II

EL PROBLEMA RELIGIOSO DE ESPAÑA Y LA FUNDACIÓN DE LA INQUISICIÓN ESPAÑOLA

PARA muchos, España es sinónimo de intolerancia religiosa; pero su historia, en los primeros tiempos de la Edad Media, desmiente notablemente esta fama, ya que España se distinguió en los países de Europa por la relativa armonía y libertad en el intercambio social y comercial que existía entre cristianos, judíos y musulmanes. En los siglos XII y XIII, los cristianos inspirados por gobernantes como Alfonso VI, Alfonso X y el arzobispo Raimundo de Toledo, ansiaban asimilar la cultura musulmana, esclarecida por un Avempace, y la judía, orgullosa de Maimónides. Cuando empezó la Reconquista cristiana se permitió todavía a los moros conquistados que quedasen en posesión de sus bienes y practicasen libremente su religión. Éstos y los judíos constituían un sector muy importante de la comunidad. Facilitaban a los servicios públicos, a las profesiones e industrias del país sus más eficientes e infatigables trabajadores. Valencia debió su prosperidad no sólo a la fertilidad natural del suelo, sino también a la labor entusiasta y honrada que sus habitantes, predominantemente moros, realizaron en los naranjales, los olivares y en las plantaciones de higos y dátiles. El esmero y el espíritu emprendedor de los adictos a estas religiones extrañas creó, en muchas partes del país, tanto en los distritos rurales como en las ciudades, un marcado contraste con la indolencia de los naturales. Durante las guerras contra los moros, los judíos fueron muy útiles a los reinos cristianos por su dinero y su habilidad financiera, cosas de que sacaron buen partido los soberanos.

Pero desde principios del siglo XIV se produjo en la Península un marcado empeoramiento en la situación de los pueblos cristianos.

Ya se había previsto una actitud más fanática poco después de la batalla de las Navas de Tolosa, cuando por instigación de los arzobispos de Toledo y Narbona tuvo lugar una gran matanza de moros congregados en Úbeda. La influencia clerical se opuso al libre intercambio de pueblos cristianos e infieles, y dio lugar a una situación muy distinta en el siglo XIV. Los judíos nunca fueron populares. Las mismas cualidades que los ensalzaban ante el gobernante los hacían odiosos para el pueblo. Eran expertos prestamistas y eficaces recaudadores. A pesar de que la usura era indispensable para el mantenimiento del comercio y el progreso de la industria, los moralistas cristianos se unieron para condenarla como pecado; así, los deudores que se resistían a pagar sus deudas tuvieron la satisfacción de saber que sus acreedores, según la más alta autoridad eclesiástica, eran unos malvados. Además, los judíos eran fácil blanco para la envidia, debido a que por su amor a la ostentación hacían alarde de un lujo exagerado. El odio insensato hacia los judíos despertó en España más lentamente que en otros países, y fracasaron las tentativas por parte de más de un papa para inducir a los gobernantes españoles a que obligasen a sus súbditos no cristianos a llevar una vestimenta distinta, a fin de evitar los matrimonios entre unos y otros. Especialmente en Castilla, los judíos recibieron, por parte de la Corona, una protección adecuada, hasta que subió al trono la casa de Trastámara.

Antes de esto, ya se había manifestado un creciente espíritu de intolerancia en dos concilios eclesiásticos, el de Zamora (1313) y el de Valladolid (1322), que publicaron unos cánones dirigidos a restringir en todo cuanto fuese posible el intercambio de cristianos con moros y judíos. Se denunció la frecuente preferencia que se tenía por los judíos frente a los cristianos para el desempeño de cargos públicos; como también la costumbre de utilizar los servicios médicos de moros y judíos. Más tarde, en el transcurso del siglo, se trató de obligar a estos pueblos extranjeros a que viviesen en barrios especiales de las ciudades, llamados respectivamente morerías y juderías, ordenándose que estos distritos fuesen cerrados por una muralla con una sola entrada. El pueblo era instigado contra los judíos, particularmente por la elocuencia de los predicadores, cuyo celo se debía a motivos perfectamente sinceros, puesto que estaban convencidos de que el intercambio entre cristianos y judíos llevaría una contaminación de la fe católica. Hubo matanzas de judíos en Castilla, Aragón y Navarra; las más graves se produjeron en Sevilla, en 1391, como resultado inmediato del férvido celo de un arcediano antihebreo llamado Martínez, y se propagaron a Córdoba, Toledo, Burgos y otras ciudades castellanas. En el mismo año se efectuaron actos de violencia similares en otras ciudades de Aragón y en Mallorca.

Las matanzas de 1391 marcan un momento decisivo en la historia de los judíos en España. La situación privilegiada de que habían gozado, en contraste con la suerte que corrían en otros países, llegó a su fin, y el único medio para mantener su situación económica con cierta seguridad era la aceptación del bautismo cristiano. No hay duda de que gran número de conversiones siguieron a las matanzas de 1391. Llorente, cuyas cifras son siempre un tanto fantásticas, señala alrededor de un millón, pero en realidad no pueden haber sido más de una quinta o décima parte de esta cifra; lo que sí es cierto es que muchísimos judíos entraron en la Iglesia cristiana antes de terminar el año de 1391. Este proceso de conversión se extendió rápidamente, favorecido por el enorme esfuerzo proselitista de San Vicente Ferrer. El judaísmo no desapareció por completo, e incluso se levantó una vez más antes de la catástrofe final, pero nunca se recobró del desastre de 1391. Desde nuestro punto de vista, la importancia de este año radica en la creación de una nueva comunidad de judíos cristianizados, conversos o marranos como se les llamaba a veces. Pronto constituyeron un sector de la población muy numeroso, rico e influyente. Las dotes y características de su raza no les abandonaron, mientras que en su nueva situación ya no se encontraban perjudicados por el odio al judaísmo. De todos modos, los judíos no se hallaban en una posición tan sólida como a primera vista pudiera parecer. El recaudador o prestamista judío no se hizo más popular por el hecho de haberse cristianizado; es más, tal vez esto aumentaba su impopularidad. Había mucha gente dispuesta a creer que el judío sólo se había liberado de los inconvenientes de su religión, haciendo una profesión de cristianismo absolutamente hipócrita. Las conversiones inspiradas en el miedo a la matanza están llamadas a ser más aparentes que reales, y no es extraño ver que muchos judíos conversos abrigaban odio y no afecto para con sus nuevos correligionarios. La mutua hostilidad entre las dos razas se agudizó con estas conversiones forzadas. Cristianos viejos y nuevos trabaron violenta lucha en Toledo y Ciudad Real; en marzo de 1473 la turbas amotinadas en Córdoba atacaron a judíos y conversos sin distinción.

A las conversiones forzadas de judíos siguieron las de los musulmanes. Era natural que Fernando e Isabel aspirasen a conquistar el último residuo de la España musulmana independiente. La sumisión del reino de Granada demostró ser una empresa formidable que requirió nueve años de ardua lucha, desde 1483 a 1492. Como ocurre con frecuencia cuando la obra de conquista ha sido difícil, a los conquistados se les otorgaron condiciones muy favorables, y en noviembre de 1491, cuando la ciudad de Granada fue capturada, se concertó un solemne compromiso que obligaba a Fernando e Isabel, así como a sus sucesores, a proteger los bienes, costumbres sociales y prácticas religiosas de sus habitantes. Cuando se creó el arzobispado de Granada fue conferido a Hernando de Talavera, Obispo de Ávila y confesor de la Reina, hombre de gran bondad e inteligencia, quien, aunque deseoso de atraer a los mudéjares a la cristiandad, no quería prosélitos obligados. Aprendió el árabe e hizo que sus ayudantes misioneros lo aprendiesen; se ganó la confianza y el afecto de los moros y sus esfuerzos fueron coronados por un éxito rotundo.

Sin embargo, estos éxitos no deben ser considerados como extraordinarios, pues los progresos de la conversión no llegaron a satisfacer a los dos monarcas ni al Arzobispo de Toledo, Francisco Jiménez de Cisneros, cuyo nombre es uno de los más ilustres en la historia de España. Hombre de gran carácter y de vastos conocimientos, poseía una voluntad imperiosa y una energía volcánica. Bajo su inspiración se emprendió la conversión forzada de los moros, a pesar de las garantías que se les habían concedido y de los violentos disturbios que esto provocó. Cuando la cristianización estuvo bastante avanzada, se publicó una orden (julio de 1501), por la cual se prohibía a los moros de otras partes de España entrar en la provincia de Granada, con el fin de que no se contaminasen los cristianos nuevos. Siguió a esta medida un edicto más drástico publicado al año siguiente, cuyo preámbulo declaraba que, puesto que el reino de Granada había sido limpiado, prácticamente, de infieles, sería vergonzoso permitir a los musulmanes que continuasen viviendo en otras partes de España. Por consiguiente, se ordenó a todos los musulmanes de Castilla y León que abandonasen el reino antes de abril de 1502, salvo los varones de catorce años y las mujeres menores de doce. Como se les prohibía entrar en Aragón o Navarra, así como reunirse con sus correligionarios del norte de África, este edicto hizo muy difícil que se llevara a cabo la emigración ordenada y, por tanto, vino a constituir, en la práctica, un edicto de conversión forzada.

En Aragón, donde los poderes de las cortes permitían poner freno a la autoridad real, cosa que no ocurrió en Castilla, no se siguió la orientación señalada en el edicto de Isabel, y Fernando tuvo que comprometerse a no forzar las conversiones de la población musulmana. La promesa de Fernando aseguró al pueblo musulmán de Aragón la práctica de su religión por el resto de su vida; pero cuando estalló la guerra social entre plebeyos y nobles, conocida como las *Germanías*, al subir al trono en 1520 el emperador Carlos V (Carlos I de España), los primeros perpetraron muchas matanzas de moros —que, por lo general, defendían lealmente a sus señores—, o les obligaron a bautizarse. Finalmente, en noviembre de 1525, Carlos publicó un edicto ordenando la expulsión de todos los mahometanos de Aragón, Cataluña y Valencia. En 1525, al igual que en 1502, fueron tales las restricciones impuestas al éxodo que el edicto provocó numerosas conversiones nominales.

La conquista de Granada afectó indirectamente a aquellos judíos de España que se habían aferrado a sus creencias, a pesar del temor natural que despertó la catástrofe de 1391. Mientras subsistió en el país la amenaza de un Estado musulmán independiente, la importancia de la ayuda financiera de los judíos no permitía prescindir de ellos; pero ahora, a la decisión de expulsar a los moros, siguió la de expulsar a los judíos. Torquemada, que pronto iba a hacerse famoso como primer Inquisidor, instigaba constantemente a Isabel acerca del deber de librar a sus dominios de la corruptora presencia de los crucificadores de Cristo. Es bien conocido el episodio de que cuando corrió el rumor de que se había tomado la decisión de expulsar a los judíos, el doctor Isaac Abravanel y otro rico judío ofrecieron 300 000 ducados con la esperanza de evitarla. Fernando era partidario de aceptar la oferta, cuando repentinamente se presentó Torquemada ante los dos soberanos con un crucifijo en las manos y exclamando: "¡He aquí el Crucificado a quien el malvado Judas vendió por treinta monedas de plata! Si elogiáis este hecho, vendedle a mayor precio." El 30 de marzo de 1492 se publicó un edicto concediendo a los judíos un plazo de sólo cuatro meses para decidirse entre abandonar el país o cambiar su religión. La pasión popular se levantó contra esta infortunada raza, al hablarse de los ultrajes, asesinatos e insultos a la Cruz, de que se le declaraba culpable durante siglos, y se le acusó de incitar a los conversos a la apostasía. Autoridades coetáneas elevan el número de judíos exiliados de España a consecuencia de este edicto a medio millón, o a una cantidad aun mucho mayor. El historiador Mariana apunta 800 000. Quizás la expulsión alcanzó a 200 000 y otros 50 000 compraron la inmunidad con el bautismo. Bernáldez cifra estos últimos en 70 000, añadiendo que "en la ciudad de Granada no quedó uno solo sin bautizar".

"Utilizando siempre la religión como disculpa —dice Maquiavelo—, [Fernando] se dedicaba con piadosa crueldad a expulsar y eliminar del reino a los marranos." El propósito y objeto de la política inhumana de Fernando era, sin duda, la realización de la uniformidad nacional en interés del Estado, pero lo consiguió en gran parte gracias a la ayuda prestada por aquellos que obraban movidos, no por la conveniencia inmediata, sino por la piedad, y que creían sinceramente que la pureza de la religión cristiana en España estaba en peligro inminente debido a la corruptora influencia de muchos miles de judíos y mahometanos. Los judíos y mahometanos fueron desterrados, pero en su lugar había una gran población de herejes en potencia, de gente educada en las creencias y tradiciones de Moisés o del Islam, quienes, en su mayoría, habían aceptado de mala gana el cristianismo, simplemente para escapar de la muerte o de la expulsión, y que dadas las circunstancias, no tenían razón de amar o venerar una religión que les había sido impuesta, real o virtualmente. Además, casi todos habían recibido tan poca instrucción respecto a sus principios y doctrinas, que fácilmente podían desviarse del credo y de los ritos. Sin embargo, cuando se piensa que estos miembros de la Iglesia cristiana, especialmente los judíos conversos, eran muy a menudo objeto de sospecha, celos y aversión, se comprende que corriesen grave riesgo de caer en manos de un tribunal creado para mantener la pureza inmaculada de la fe.

No hay duda de que el cristianismo de muchos conversos era una mera ficción. Llevaban en la sangre la religión de sus antepasados; no era algo que se pudiese abandonar por un simple acto de voluntad; continuaron practicando en secreto sus ritos acostumbrados y sólo con palabras y con su conducta exterior mostraban por el cristianismo el fervor que su seguridad requería. Algunos, en efecto, parecen haber creído que bastaba una conformidad nominal y tomaron menos precauciones de las que la prudencia aconsejaba para ocultar sus verdaderos sentimientos. Cometieron un grave error. La Iglesia estaba decidida a no permitir que subsistieran las prácticas judaicas o musulmanas, realizadas bajo un sutil disfraz de cristianismo, por personas que, de cualquier manera que fuese, habían recibido el bautismo. A consecuencia de que los dignatarios eclesiásticos en el gran Concilio de Basilea llamaron la atención de los obispos acerca de la necesidad de una vigilancia para descubrir a los conversos hipócritas, Juan II de Castilla, en 1451, pidió a Nicolás V que delegase poderes inquisitoriales a un representante suyo para resolver este problema; entonces el Papa confió los poderes deseados a su Vicario General, el Obispo de Osma. El poder de un príncipe tan débil como Juan II poco podía hacer para contribuir a este esfuerzo y poca debió de ser la tarea realizada. Unos años más tarde un fraile llamado Alonso de Espina, también cristiano nuevo, lanzó un fanático ataque contra los judíos y conversos, en una obra titulada *Fortalicium Fidei*, en la que se sacaban a relucir todas las viejas y burdas consejas (de las que es un ejemplo San Hugo de Lincoln), sobre los niños asesinados y el envenenamiento de pozos por los judíos. Cuando llegase el Anticristo encontraría un aliado en la raza hebrea. Como medida elemental de seguridad, las conversiones forzosas debían llevarse a cabo en gran escala y, para salvaguardia de la Iglesia en España, las faltas de los judíos deberían ser severamente castigadas con una Inquisición eficaz. En 1478 apareció la *Historia de los Reyes Católicos*, de Andrés Bernáldez, cura de Los Palacios, quien en su crónica profiere una feroz diatriba contra la raza maldita de los judíos. Según él, al tiempo en que subieron al poder los Reyes Católicos, el judaísmo ya se había difundido incluso entre los dignatarios de la Iglesia —pues muchos descendientes de judíos habían alcanzado puestos elevados tanto en la Iglesia como en el Estado—, y más bien enseñaban la ley de Moisés que la de Cristo. Los conversos nominales se abstenían de bautizar a sus hijos, y cuando no podían evitar esta ceremonia, les lavaban la crisma después; observaban el Sabbat, la Pascua y otras fiestas judías; comían carne en Cuaresma y en otros días de abstinencia señalados por la Iglesia cristiana.

No hay que dudar de la certeza de estas acusaciones demostradas por la evidencia de los constantes procesos inquisitoriales; y si bien los violentos ataques de Espina y de Bernáldez parecen extravagantes y absurdos a los oídos modernos, debemos recordar que lo verdaderamente significativo en ellos está en que la ferocidad de su lenguaje indica la sinceridad y la intensidad de las apreciaciones de sus autores. Éstos tenían un verdadero pánico, no lo fingían; temerosos de que el cristianismo en España fuese destruido por los conversos que se dedicaban más bien a convertir cristianos al judaísmo que a demostrar la sinceridad de su conversión. Los que se dejan arrastrar por el pánico no están en condiciones de discernir los hechos claramente y en su justa perspectiva, y es indudable que los que veían en la existencia de los conversos insinceros una tremenda amenaza para la Iglesia católica en España, exageraban mucho el peligro. Poderes que tenían fuerza suficiente para obligar a la conversión involuntaria a un pueblo de religión extraña la tendrían también para conservar la suya propia. Pero no debemos dudar de la realidad del pánico ni menospreciar su manifestación como mero fanatismo.

No se sabe cuál fue la causa que decidió finalmente a los Reyes Católicos a establecer una Inquisición realmente eficaz en sus dominios. Ello fue, en realidad, el corolario lógico de su política anterior. Con el fin de hacer observar las leyes y de mantener el orden en un país en que el mecanismo de la justicia central se había venido abajo, habían instituido una cierta asociación de vigilancia especial conocida con el nombre de la Santa Hermandad, la cual, mediante unos métodos sumarios y despiadados, contenía la anarquía y castigaba los delitos que los tribunales ordinarios no habían sabido reprimir. ¿Qué fue el establecimiento de la Inquisición si no la aplicación a la esfera eclesiástica del mismo sistema? Los tribunales episcopales ordinarios no habían sido capaces de hacer respetar las leyes y de mantener el orden, ni de preservar a la fe de la anarquía doctrinal; por consiguiente, debían complementarse con tribunales dotados de un procedimiento más eficaz y que aplicasen medidas más drásticas.

Es indiscutible que el motivo por el cual Isabel apoyaba a la Inquisición era una sincera piedad. Llorente atribuye la decisión de Fernando al deseo de tener un pretexto para apoderarse de los bienes de los judíos, que eran siempre los miembros más ricos de la comunidad. La codicia puede haber contribuido a su celo, pero fundamen-

talmente se inspiró en la determinación, tomada por todos
los monarcas poderosos de su época, fuesen católicos o protestantes, de mantener el orden, la uniformidad y la obediencia a la autoridad de la Iglesia, lo mismo que a la del
Estado. Hubo mucha insistencia por parte de eminentes
eclesiásticos tan notables como el Arzobispo de Toledo
(Mendoza) y Torquemada. El Inquisidor siciliano Ludovico á Páramo, en su trabajó sobre el origen de la Santa
Inquisición, nos dice que el hecho decisivo fue el descu-
brimiento de una gran celebración judaica clandestina que
judíos y conversos habían planeado deliberadamente para
la noche de Viernes Santo en 1478. Como quiera que
sea, lo cierto es que en ese año los Reyes Católicos pidieron
a Sixto IV que se estableciera la Inquisición en Castilla.
La bula papal datada en noviembre se limita a señalar la
existencia de muchos falsos cristianos en España y, en consecuencia, otorga poderes a Fernando e Isabel para que
designen tres obispos u otras personas adecuadas, sacerdotes y mayores de cuarenta años, versados en teología y derecho, con jurisdicción sobre la herejía dentro del reino
de Castilla. Transcurrieron dos años antes de que la bula
entrara en vigor; pero el 17 de septiembre de 1480 se
nombraron dos frailes dominicos para que actuasen como
inquisidores en Sevilla.[2] Posteriormente fueron ayudados
por un promotor-fiscal o acusador, y dos depositarios de
confiscaciones.

Una vez llegados al lugar donde debían ejercer sus
funciones, los dos inquisidores convocaron a todos los nobles de las proximidades para que les entregasen a las personas sospechosas de herejía, confiscándoles sus bienes.
Pronto encontraron demasiado reducidas sus sedes primi-
tivas y se trasladaron a la gran fortaleza de Triana, en los
suburbios de la ciudad. Algunos de los más destacados
conversos de Sevilla y de la región circundante tramaron un

[2] H. del Pulgar, *Crónica de los Reyes Católicos* (Valencia,
1780), p. 136; D. Ortiz de Zúñiga, *Anales eclesiásticos... de Sevilla* (Madrid, 1677), p. 386; Ludovico á Páramo, *De origen et
progressu Santae Inquisitionis* (Madrid, 1598), p. 130.

complot para matar a los inquisidores con la esperanza de provocar un pánico tal que hiciese abandonar la idea de establecer un tribunal allí. Pero la conspiración fue traicionada y muchos de los conversos influyentes de la ciudad fueron detenidos bajo el cargo de complicidad. El 6 de febrero de 1418 tuvo lugar la primera ceremonia pública o *auto de fe* de la flamante Inquisición, y fueron quemadas en la hoguera seis personas. Unos días más tarde siguieron otras víctimas. Aterrorizados por estos sucesos, cierto número de conversos buscaron su salvación en la huida. El complot, en vez de entorpecer a la nueva Inquisición, le había facilitado el camino. El primitivo tribunal de Sevilla fue complementado por otros en Córdoba, Jaén y Ciudad Real, este último trasladado después a Toledo.

Aparte del abortado complot a que nos hemos referido, parece que los tribunales de Castilla encontraron poca oposición, e incluso fueron bien recibidos por la mayoría de sus habitantes. No ocurrió así en Aragón cuando Fernando decidió sustituir la casi desaparecida Inquisición papal, por otra semejante a la de Castilla. Cuando trató de hacer esto se encontró con la resistencia obstinada del Papa, quien ya comprendía que el nuevo tipo de Inquisición en España estaba mucho más dominado por el Rey que por él mismo. Pero finalmente, después de una prolongada controversia, Sixto IV cedió y Torquemada fue el Inquisidor de Aragón como ya lo era de Castilla. Se establecieron tribunales permanentes en las ciudades de Zaragoza, Barcelona y Valencia. Hubo disturbios en todas las provincias del reino de Aragón. Las Cortes de Valencia protestaron contra la nueva Inquisición como una violación de sus *fueros* o libertades; los funcionarios se abstuvieron de prestar ayuda a los inquisidores; los nobles les pusieron trabas ocultando a los fugitivos, hasta que Fernando les ordenó, bajo la pena de una fuerte multa, que entregaran estas personas al oficial del Inquisidor, o *alguacil*. Cataluña había sido siempre particularmente amante de sus libertades y se opuso a someterse a la jurisdicción de Torquemada. De hecho, Barcelona tenía ya sus propios inquisidores, frailes dominicos que continuaban actuando bajo la antigua dispensa papal. Fernando estaba decidido a deshacerse de ellos, y por fin Inocencio VIII, con la excusa de que habían sido demasiado oficiosos, consintió en desautorizarlos y ocuparon su lugar los designados por Torquemada. Aunque el área de la jurisdicción del Tribunal de Barcelona era muy vasta, pues se extendía desde Tarragona hasta el norte de Perpiñán en sus primeros años, intervino en muy pocos casos; cosa que probablemente indica que continuaba encontrando poco apoyo local.

Donde se hallaron las más graves dificultades fue en Aragón. Allí los marranos gozaban de especial influencia, no sólo por razones de riqueza, sino porque muchos de ellos estaban ligados, por matrimonio, a las familias nobles. Los dos primeros inquisidores de Zaragoza fueron un fraile llamado Gaspar Juglar y un canónigo de la catedral, Pedro Arbués d'Epila. Sus procedimientos iniciales se realizaron sin obstáculos, y celebraron *autos de* fe en mayo y junio de 1484, en los que fueron quemados por judaizantes varios cristianos nuevos. Pero no pasó mucho tiempo sin que sus actividades se viesen entorpecidas por la falta de apoyo sincero de parte de los funcionarios y abogados, muchos de los cuales eran conversos. La resistencia activa se originó primero en la ciudad de Teruel, donde se tomó la decisión de establecer otro tribunal. Los funcionarios de este lugar, respaldados, sin duda, por el pueblo, rehusaron admitir a los inquisidores dentro de la ciudad. Fernando, que estaba furioso, retiró los sueldos de todos los magistrados de Teruel y, evidentemente, proyectó una acción mucho más drástica, pero no se sabe si hubo necesidad de ella.

Mientras tanto, algunos de los más notables conversos de Zaragoza conspiraban para echar de la ciudad aquel odioso tribunal, pero fueron tan lentos en su proceder que Fernando se dio cuenta de sus planes mucho antes de que los llevasen a cabo; entonces los cabecillas asesinaron a Arbués cuando estaba arrodillado junto al altar mayor de la catedral de Zaragoza. El acto fue tan disparatado e impolítico como criminal. La señal para la cruzada albigense había sido el asesinato de un sacerdote llamado Pierre de Castelnau. La historia se repite. Lo mismo que Pierre de Castelnau, Arbués se convirtió en un mártir, y se originó un piadoso odio contra la herejía, tal como no había existido hasta entonces. Los cristianos viejos se enfurecieron, y al maldecir a los criminales daban un apoyo entusiasta a los inquisidores. La muchedumbre de la ciudad pidió la sangre de los marranos asesinos y sacrílegos. Las armas que éstos utilizaron se colgaron en lo alto de la catedral como signo de humillación pública. Uno por uno, los que intervinieron en la conspiración, incluso los que tuvieron la más mínima parte, fueron castigados, y para ello se aceptó la prueba más insignificante. Apenas hubo familia noble en Aragón que no viese a alguno de sus miembros infamado en un *auto de fe*. Es indiscutible la impopularidad que en un principio tuvo la Inquisición aragonesa; lo atestigua incluso Bernáldez. Nada pudo facilitarle el camino de manera más efectiva que el gran error de los conversos de Zaragoza. Como apunta el cronista Zurita: "Ante la Providencia, los conspiradores, en vez de perjudicar a la Inquisición, le ayudaron." [3]

Sin embargo, la oposición a la Inquisición y a sus métodos no terminó en modo alguno con el asesinato de Arbués. Las Cortes de los tres países que constituían el reino de Aragón estaban recelosas de cualquier violación de sus fueros, y tuvieron que desafiar rápidamente la tendencia a extender la jurisdicción que manifestaron los inquisidores. En 1512, representantes de Aragón, Cataluña y Valencia, reunidos en Monzón, redactaron un informe, de contenido similar, acerca de los agravios sufridos.

Se quejaban del excesivo aumento de funcionarios de la Inquisición, de las reclamaciones presentadas por la exención de las contribuciones locales, así como de la pretensión de que el juicio de casos de usura, bigamia, brujería, además de los de herejía pasasen a los nuevos tribunales. Estas protestas tuvieron como resultado un acuerdo o *concordia* entre el Rey, el Inquisidor general y las Cortes, mediante

[3] Véase Zurita, *Anales de la Corona de Aragón* (Madrid y Barcelona, 1853). Vol. v, pp. 657-62; G. de Castellano y de la Peña, *Un complot terrorista en el siglo xv* (Madrid, 1927).

el cual la jurisdicción de los tribunales se limitaría a la verdadera herejía y a los delitos en que aquélla estuviera implicada.

Al subir al trono Carlos V se confirmaron estos acuerdos. Al principio, el nuevo gobernante no estaba dispuesto a favorecer la Inquisición, gracias a la influencia de Chiévre y otros consejeros flamencos que tenían poca simpatía por las instituciones de España. Pero las reiteradas quejas de las Cortes aragonesas indicaban que las *concordias* no eran eficaces y que no se cumplían las otras promesas hechas por Carlos V. Entre ellas estaban las siguientes: los informantes de los inquisidores deberían ser cuidadosamente examinados en cuanto a sus motivos; los detenidos podían ser visitados por sus parientes y amigos; la obligación de comunicar al acusado los nombres de quien hubiese facilitado pruebas contra él; la prohibición de privar de sus propiedades a los hijos, por el hecho de que sus padres fuesen declarados culpables de herejía. Es evidente que la razón principal de que fuese en Aragón —que ya había tenido experiencia previa de la labor de la Inquisición—, y no en Castilla —que no tenía ninguna—, donde se levantaron las quejas más fuertes y prolongadas contra los nuevos tribunales, es la de que había un contraste muy marcado entre los métodos de ambas instituciones: la antigua se había debilitado demasiado para insistir sobre una completa confiscación, mientras que la nueva la exigía hasta el último céntimo; de esta manera empobrecía, junto con los culpables, a muchos inocentes.

En Castilla la crítica popular acerca de la conducta de la Inquisición era mucho menor, excepto cuando se trataba de patente mala conducta, como en el caso de un Inquisidor de Córdoba, llamado Lucero, quien a principios del siglo XVI manifestó un celo casi maniático en el desempeño de su deber. Estaba convencido de que en España existía una gran conspiración para sustituir al cristianismo por el judaísmo. Sus investigaciones en el imaginario complot provocaron tantas detenciones que se creó un estado de terror, particularmente cuando Lucero denunció a personas de intachable reputación y rígida ortodoxia; porque llegó a acusar de judaísmo al venerable Talavera, Arzobispo de Granada. El celo equivocado de Lucero tuvo consecuencias tan violentas que, después de un largo juicio, fue destituido de su cargo. En la misma época se descubrieron otros abusos, y Jiménez, Inquisidor general de Castilla de 1507 a 1517, destituyó a cierto número de inquisidores indeseables. Por otra parte, fueron infructuosas las quejas que, de vez en cuando, formularon las Cortes de Castilla, así como muchas tentativas que hicieron los conversos para influir sobre Carlos V a fin de que mitigase la severidad de la Inquisición. El monarca no tardó mucho en estar plenamente convencido, como nunca lo había estado Fernando, de la gran utilidad de los tribunales, pues sus convicciones eran tan sinceras como fanáticas, cosa que no se puede decir de Fernando. Durante su reinado, la Inquisición se afianzó más que nunca en todas partes de España, y en sus postreros días encargó a su sucesor, Felipe II, que mantuviese el Santo Oficio hasta lo último.

III

ORGANIZACIÓN, PODERES Y PRIVILEGIOS
DE LA INQUISICIÓN

LA INQUISICIÓN española en sus días de esplendor, antes de que comenzase la decadencia, fue indudablemente eficiente para sus propósitos. Su poderío se debió al apoyo real y a la buena organización. Fernando e Isabel lograron grandes éxitos como gobernantes, principalmente porque llevaron a cabo la centralización administrativa en manos de cuatro grandes Consejos: el de Estado, el de Finanzas, el de Castilla y el de Aragón. Con el consentimiento de Sixto IV crearon otro: el Consejo de la Inquisición o Supremo. El Papa autorizó de buen grado la creación de este organismo, porque demostraba la gran importancia que los soberanos españoles concedían a los asuntos de la fe, pero con ello, sin sospecharlo, sancionó una limitación muy positiva de su autoridad pontificia, toda vez que las actividades de los diversos tribunales estaban coordinadas por una autoridad nacional y no por Roma. La vigilancia central se ejercía también por medio del Inquisidor general, cargo primeramente ocupado por Torquemada, quien tuvo algunos sucesores particularmente notables: Diego Deza, Jiménez, Adriano de Utrecht (más tarde papa Adriano VI), Alfonso Manrique y Fernando Valdés. Durante un breve período —de 1507 a 1518—, las inquisiciones de Castilla y Aragón estuvieron separadas y hubo dos inquisidores generales. Excepto este intervalo, un Inquisidor general inspeccionaba todos los tribunales de España y sus dependencias. Las relaciones entre él y el Supremo no estaban claramente definidas y dependían, en gran parte, de su personalidad. Torquemada fue un déspota y actuaba frecuentemente sin tener en cuenta al Consejo. De esta manera, las importantísimas ordenanzas que formuló en 1484, 1488 y 1498, conocidas con el nombre de *Instrucciones antiguas*, sobre las que se basaba el procedimiento del tribunal español, se publicaron bajo su exclusiva autoridad. Pero después de su muerte, el Supremo se hizo más poderoso, y cuando surgió la necesidad de formular nuevas disposiciones que se adaptasen a otros casos aparecidos con posterioridad a la promulgación del primer código, el autoritario Valdés publicó *Instrucciones nuevas*, declarando de manera expresa que habían sido discutidas en el Consejo. Pero la época de los autócratas no había terminado, y Diego de Arce y Reinoso, Inquisidor general desde 1643 a 1665, fue casi tan dictatorial como Torquemada. Desde el principio del siglo XVII, el Inquisidor general era presidente *ex officio* del Supremo, usanza que no había existido antes. Por un tiempo el presidente disfrutó de mayor remuneración. Si era hombre fuerte y ambicioso podía muy bien crear dificultades al Inquisidor general.

El choque más importante entre el Inquisidor general y el Supremo, se produjo durante el reinado del infortunado Carlos II, cuyos cuarenta años de vida fueron un continuo tormento, mientras todas las cancillerías de Europa aguardaban con expectación su ansiada muerte. Los sufrimientos del Rey se atribuyeron a las hechicerías de cierta monja poseída del diablo, la cual gozaba del favor de un miembro del Supremo llamado Froilán Díaz. La cuestión de si las manifestaciones de las monjas en un estado de éxtasis debían tomarse en serio —y realmente así se tomaban por parte de uno de los bandos rivales en el tribunal—, se convirtió en asunto de importancia política primordial. Mendoza y Sandoval, Inquisidor general, consideró a Froilán Díaz sospechoso de herejía y dispuso su enjuiciamiento. El Supremo llegó a la conclusión de que no había delito y votó el sobreseimiento de la causa, que equivalía a la absolución. Entonces Mendoza llevó el asunto ante el tribunal de Murcia, y al no obtener resultado alguno, se dirigió al de Madrid. Esta vez le cupo la satisfacción de confinar a Díaz durante cuatro años, mientras se dictaba la decisión. Entre tanto murió Carlos II, sucediéndole en 1701, Felipe de Borbón, que con su dinastía introdujo en España nuevos métodos. Mendoza, que había apoyado al pretendiente de la Casa de Austria, estaba ahora en desgracia. Contrariamente a todas las tradiciones de la Inquisición española, Mendoza sometió al Papado la cuestión en litigio y declaró que los miembros del Supremo, al reclamar voz y voto, eran culpables de error y herejía. Finalmente, Felipe repuso a tres de los miembros del Consejo que Mendoza había degradado. Froilán Díaz fue repuesto posteriormente y, en 1705, Mendoza tuvo que dimitir de su cargo de Inquisidor general.

El Supremo se inclinó siempre a aumentar su autoridad, y en los siglos XVI y XVII se convirtió en una poderosa oligarquía. Su influencia se extendió, naturalmente, conforme fue logrando que su dominio sobre los tribunales locales se hiciera cada vez más efectivo. A esto contribuyó el progreso en los medios de comunicación y el hecho de que Felipe II eligiese a Madrid como capital permanente de España. De este modo, la libertad de acción de que gozaban los tribunales en los primeros tiempos de la Inquisición se fue reduciendo cada vez más, y el Supremo intervino en mayor medida en las actividades de aquéllos. En 1647 ordenó que todas las sentencias debían serle sometidas para su aprobación. Esta centralización fue, sin duda, beneficiosa. Aseguraba uniformidad en la práctica, ya que hasta entonces, a pesar de las *Instrucciones*, habían existido divergencias considerables entre los métodos de los diversos tribunales. También fomentó la lenidad, puesto que los inquisidores debían responder de cualquier extralimitación o exceso de rigor de que fuesen culpables. Originariamente, la función principal del Consejo había sido la de apelación, pero a medida que fue interviniendo más y más en los procedimientos incoados por los tribunales locales, las apelaciones fueron menos numerosas y de menor importancia.

El Supremo también tenía que resolver gran parte de asuntos financieros, y su poderoso dominio sobre los tribunales se debió mayormente a que disponía de los fondos de la Inquisición. Todos los ingresos ordinarios procedentes de multas y confiscaciones debían entregarse al Consejo, el cual pagaba todos los sueldos; las contribuciones correspondientes a la Real Hacienda las satisfacía también el Consejo, y en su nombre se hacían todas las inversiones realizadas por los tribunales. El Supremo acumulaba, pues, un gran capital procedente de las sumas satisfechas por los tribunales, incluyendo los de las colonias, al mismo tiempo que, necesariamente, manejaba grandes cantidades de dinero, en ingresos y gastos.

Tras el Inquisidor general y el Consejo estaban la Monarquía española y el Papado. Fernando fue el verdadero creador de la Inquisición española moderna, y él fue quien le dio su distintivo carácter nacional. El autoritario creador estaba obligado moralmente a tener dominio sobre su creación. Siempre se enorgulleció de la influencia y autoridad que aquélla gozaba, pero fue principalmente porque la consideraba como uno de los grandes valores de la Corona. Él no hubiera nombrado inquisidores a personas que le fuesen desagradables; no hubiera consentido que ningún Inquisidor recibiese una bula papal sin que le comunicase su contenido. No es cierto que utilizara la institución para fines seculares, y no intervino en sus actividades principales cuando se trataban cuestiones de doctrina. Por otra parte, estaba convencido de que el éxito de sus actuaciones legítimas tenía importancia primordial para la monarquía, y deseaba que sus asuntos se llevasen de modo eficaz. Por eso dedicó igual atención personal a sus finanzas. Lea, que examinó este aspecto cuidadosamente, se formó una opinión muy favorable de la conducta de Fernando en tales asuntos, ya que a menudo se dio el caso de que tomara decisiones que le eran perjudiciales, mostrando "un sentido de justicia innato", sorprendente en un monarca que, según el juicio de Maquiavelo, ocupaba el rango inmediato a César Borgia.[4]

Con frecuencia Fernando se relacionaba directamente con los tribunales; en cambio, sus sucesores sólo lo hacían con el Inquisidor general y el Supremo, dejando a ellos el nombramiento de los oficiales subordinados. Por otro lado, el Rey siempre elegía al Inquisidor general, aunque este derecho nunca fue reconocido formalmente por el Papa al hacer el nombramiento; esto contribuyó a que la In-

---

[4] *History of the Inquisition of Spain* (4 vols., 1922), vol. I p. 297. Cf. Zurita, *Anales de la Corona de Aragón*, p. 641.

quisición española conservase su carácter esencialmente nacional. Si bien los monarcas españoles continuaron salvaguardando el dominio de la Corona frente al Papado, después del reinado de Felipe II y antes de la ascensión al trono de los Borbones, demostraron menos capacidad para dominar al Supremo. La vigilancia real sobre las finanzas de la Inquisición era mucho más restringida, y los minuciosos estados de cuentas relativos al producto de multas y confiscaciones fueron virtualmente inasequibles. Celoso de su autoridad sobre los tribunales, el Consejo dio instrucciones, en 1562, de que si el Gobierno solicitaba directamente una información de cualquiera de ellos, debería enviarse la respuesta al Inquisidor general o al Supremo, quienes eran los únicos que podían facilitar la información deseada.

La máxima autoridad sobre la Inquisición, así como sobre las demás instituciones eclesiásticas, era el Papa, pero lo mismo el Rey que el Supremo trataron de evitar toda intervención exterior hasta donde les fue posible. Sin embargo, el Papado siempre fue un poder ineludible, y en sus numerosas disputas con el Rey de España y el Consejo, algunas veces salió victorioso, y si cedió fue porque cerraba un trato que le reportaba otras ventajas. Los conversos buscaban con frecuencia la ayuda de Roma, al ver que las autoridades civiles y eclesiásticas eran insensibles a sus protestas. A veces pleiteaban ante la Inquisición la validez de una carta confesional que se obtenía del Penitenciario papal, y que autorizaba a cualquier confesor elegido por el dueño de la carta a conceder la absolución de todos los pecados, incluyendo el de herejía. Evidentemente, este sistema entorpecía la acción inquisitorial, y la Inquisición española sostenía que no debía utilizarse para impedir o anular su procedimiento. Al principio, Sixto IV insistió en que los que habían obtenido esta forma de absolución debían ser protegidos, pero más tarde suspendió la bula en la que lo había dispuesto; Alejandro VI no quiso permitir que las cartas se utilizasen para escapar de castigos bien merecidos, pero Julio II y León X continuaron concediéndolas.

Más importante que la cuestión de la validez de las

cartas confesionales fue la de las apelaciones a Roma por sentencias de la Inquisición. Ricos conversos cursaron con frecuencia estas apelaciones y no siempre en vano. En alguna ocasión el Papa quiso delegar su jurisdicción de apelación al Inquisidor general. Inocencio VIII, Alejandro VI, León X, Adriano VI y Clemente VII lo hicieron; pero evidentemente, la autoridad que decidía delegar sus facultades podía también decidir retenerlas. Si los que buscaban la protección del Papado nunca podían tener la certeza de obtenerla, tampoco la Inquisición estaba segura de que no la lograrían.

Dos de los casos más importantes presentados ante la Inquisición española estaban relacionados con la Curia: el del Arzobispo Carranza y el de Gerónimo de Villanueva, Marqués de Villalba.

El primero de ellos provocó una conmoción en la Europa católica, que se quedó atónita al ver al Arzobispo de Toledo procesado por herejía. ¿Tenía poder la Inquisición para proceder contra un Obispo? La cuestión, que Bonifacio VII contestó decididamente en forma negativa, tuvo sólo un interés académico en la Edad Media; pero en la España del siglo XVI, donde los conversos a veces ocuparon el episcopado y los cristianos viejos podían sospechar de la ortodoxia de cualquier converso, llegó a ser un problema de importancia práctica. En los primeros tiempos, la Inquisición española nunca trató de procesar a los obispos, pero Torquemada denunció dos a Roma, ambos judíos de nacimiento, y uno de ellos fue degradado. No hay duda que a consecuencia de la propagación del luteranismo en Europa, Clemente VII dio a Manrique, en 1531, el derecho de investigar las creencias de cualquier Obispo sospechoso de abrigar opiniones protestantes, pero no le autorizó a detenerlo ni a encarcelarlo. De modo parecido, en enero de 1559, Pablo IV confió a Valdés esta facultad de investigación, en consulta con el Supremo, y agregó el derecho a encarcelar si había razón para suponer que se proyectaba la fuga.

Valdés utilizó el último breve papal contra del Arzobispo Carranza. Se ha atribuido la persecución a la malevolencia personal de Valdés y de un conocido dominico, Melchor Cano; pero hay que admitir que Carranza, hombre de vida ejemplar que estaba muy lejos de tener conciencia de su herejía (se jactaba de haber tomado parte activa contra los herejes ingleses en la corte de María Tudor, cuando acompañó a Inglaterra a su señor Felipe II), no era en modo alguno un claro pensador y distaba mucho de ser circunspecto en sus expresiones. El Arzobispo gozaba de la amistad y estima de Felipe II; su detención y encarcelamiento tuvo lugar mientras el Rey estaba ausente del país. Los fuertes ingresos de la sede de Toledo fueron confiscados y pasaron al patrimonio real. El proceso avanzó lentamente, pero sin cesar; los poderes bajo los que en un principio actuaba Valdés eran válidos sólo por dos años, pero fueron renovados cuatro veces. El Obispo Simancas, cuyo tratado *De Catholicis Institutionibus* es una de las principales autoridades sobre la Inquisición española, achaca las interminables dilaciones al mismo Carranza. Se ha sugerido quizás con mayor probabilidad, que tales dilaciones se debieron al hecho de que si Felipe en un tiempo tuvo mucha estimación por Carranza, después estimaba todavía más las rentas de Toledo.

De todos modos, el Rey se convirtió en el más fuerte mantenedor del derecho de Valdés y del Supremo a intervenir en el proceso de Carranza, a pesar de las protestas de los Padres reunidos en el Concilio de Trento y de Pío IV, quien repetidamente protestó por la lentitud de los procedimientos. Por fin, el Papa, agotada su paciencia, bajo pena de anatema y pérdida de las dignidades de todos los complicados, insistió en que el caso fuese transferido a Roma y Carranza entregado al Nuncio de Su Santidad. Se hizo caso omiso de estas órdenes, y la causa, que se había iniciado en mayo de 1559, todavía continuaba en tramitación a la muerte de Pío IV, en diciembre de 1565.

Pío V, su sucesor, era hombre de mayor personalidad. No hubo Pontífice más acérrimo enemigo de los herejes, pero a la vez era un decidido defensor de los derechos de la Santa Sede. El embajador de Felipe en Roma manifestó que al nuevo Papa no le movían consideraciones de interés particular y que sólo consideraba lo que era justo, por lo tanto, iba a encontrarlo inflexible. Pío V pidió que Carranza fuese enviado a Roma inmediatamente. Felipe estimó la demanda contraria a las prerrogativas reales. El Papa expresó su indignación ante tal respuesta; describió el trato dado a Carranza como un escándalo, quitó a Valdés y al Supremo toda jurisdicción para el caso, y bajo terribles amenazas de anatema y excomunión, reiteró sus órdenes. Felipe tuvo que decidirse a correr el riesgo de una ruptura con el Papado en defensa de la independencia que exigía la Inquisición. Valdés y los miembros más belicosos del Supremo hicieron fuerte presión para que se mantuviese firme, y él, de acuerdo con su acostumbrada política, trató de dar largas al asunto; pero con el tiempo, ante el descontento del Papa, se sometió y Carranza fue enviado a Roma para el juicio papal, que no se pronunció hasta nueve años más tarde, durante el pontificado de Gregorio XIII. La cuestión de la culpabilidad de Carranza, que aquí no hace al caso, se examinará en relación con la historia del protestantismo en España.[5]

El otro caso fue el seguido contra Villanueva, Secretario de Estado de la Corona de Aragón, cuya condescendencia con la Inquisición llegó casi al servilismo. Igual que Froilán Díaz, tuvo serios disgustos por patrocinar un convento en el que las monjas estaban poseídas del diablo, y en sus arrebatos declaraban que el convento sería el medio de regeneración para la Iglesia católica. Comprendiendo el posible peligro que corría dado el interés que había mostrado por las profecías de las monjas, Villanueva hizo una confesión voluntaria. El Supremo decidió que no había cargo contra él y le dio un certificado a este efecto. Once años más tarde se presentó un cargo de herejía contra él a instancias de enemigos personales, y con gran sorpresa se encontró detenido y encarcelado. Finalmente, se llevó el caso al Supremo, el cual le censuró severamente, le ordenó que abjurase y le expulsó por tres años de las ciudades de Madrid, Toledo y sus alrededores.

[5] Véase *infra*, pp. 87-89.

La sentencia de por sí no era severa, pero significaba la ruina de la carrera de Villanueva, y con la ayuda facilitada por muchos parientes y amigos hizo vehementes esfuerzos para evitar estas condenas. A consecuencia de numerosas gestiones, el papa Inocencio X resolvió que se conociese el caso en apelación y despachó un breve dando instrucciones al Obispo de Calahorra o a uno de otros dos obispos para que viesen el caso como representantes suyos. El autoritario Inquisidor general, Arce y Reynoso ordenó al Obispo de Calahorra que no recibiese el breve. Inocencio amenazó al rebelde Inquisidor general con destituirle de su cargo y se despachó otro breve, esta vez al Obispo de Ávila. El Rey, que en esta cuestión estaba bajo la completa influencia de Arce, aceptó la acción despótica de retener el breve papal. De esta manera la Inquisición, ayudada e instigada por Felipe, desafió al Papa. En 1650 Inocencio resolvió que la Sede Apostólica conociera del asunto y ordenó que todos los documentos relativos al mismo deberían enviarse a Roma, bajo pena de graves castigos para el Inquisidor general y sus ayudantes. Cuando se vio claro que la resolución del Papa no se cambiaría por una demora y se declaró que por su obstinación el Inquisidor general y el Supremo habían incurrido en la pena de privación de sus funciones, Arce, no obstante, aconsejó la resistencia, afirmando que claudicar significaría la ruina de la Inquisición; pero el Rey y sus consejeros, menos audaces, decidieron someterse y los documentos relativos al juicio de Villanueva fueron enviados a Roma. Antes de que se tomase una decisión final, el infortunado Villanueva murió; después de esto la Inquisición empezó un proceso contra su memoria, que Alejandro VII, sucesor de Inocencio, desaprobó. Desde su comienzo al fin, el caso duró treinta y dos años. Su principal interés e importancia radica en el desafío que a Roma hizo la Inquisición. Al fin el Papado salió victorioso ante los rebeldes, tanto en el caso de Villanueva como en el de Carranza, pero la prolongada y tenaz resistencia de la Inquisición en defensa de su independencia no tiene menos importancia. Ningún otro reo de la Inquisición tuvo la posición de Carranza, pero pocos tuvieron amigos tan influyentes y constantes como Villanueva. Cuando el Rey, el Inquisidor general y el Supremo estaban de acuerdo, había pocas probabilidades de éxito en la apelación a Roma.

Después de examinar los poderes dirigentes de la Inquisición, podemos pasar a la organización de los tribunales inferiores. En los primeros tiempos los funcionarios eran pocos; más tarde llegaron a ser en extremo numerosos. En 1647 se hizo una reclamación en Palma porque se calculaba que existían no menos de 150 personas, excluyendo a los familiares, como funcionarios del tribunal de Mallorca. Cuanto menos trabajo tenía la Inquisición, mayor era el número de sus funcionarios; especialmente en el siglo XVIII, cuando su gran obra ya estaba cumplida, hubo muchas personas deseosas de aceptar una pequeña pitanza que ya no implicaba verdaderos deberes, a fin de poder gozar de los privilegios e inmunidades que los servidores de la Inquisición disfrutaban. De cualquier modo, las obligaciones de la masa de funcionarios de ínfima categoría eran pocas; el horario de trabajo corto y los castigos por indolencia no parecen haber sido severos, ni tampoco se sabe que hubiese destituciones frecuentes. Por otro lado, se mantenía un buen nivel de eficiencia mediante las inspecciones temporales de los *visitadores*, quienes examinaban a los oficiales, investigaban acerca de cualquier negligencia en su régimen, escudriñaban los archivos y visitaban las cárceles.

La eficacia de cada tribunal dependía de sus oficiales principales, y en gran parte de los mismos inquisidores, que normalmente eran dos o tres. Los primeros inquisidores, como hemos visto, fueron frailes dominicos; se les requería que fuesen doctos en teología o en derecho y que tuviesen por lo menos cuarenta años. Posteriormente se redujo la edad a treinta años, y por un tiempo no fue necesario que los inquisidores estuviesen ordenados, hasta que en 1632, creyendo que no era conveniente que los seglares fuesen jueces en las causas de herejía, el Supremo restableció esta provisión. Los poderes de los inquisidores eran muy amplios, pero con posterioridad se limitó mucho su independencia de acción por la política centralizadora del Supremo. La imaginación popular ha falseado de tal manera la figura del Inquisidor ordinario, presentándolo como un ogro poseído de un anhelo de crueldad, que tal vez sea conveniente decir que si hay ciertamente ejemplos de inquisidores de tipo indeseable, que abusaban de la responsabiliadd de su situación, la gran mayoría, con toda probabilidad, cumplió con los requisitos de que debían ser "hombres prudentes y capacitados, de buena reputación y conciencia sana y amantes de la fe católica". Si eran crueles, se debía a un sentido del deber, no al desenfreno.

Junto al Inquisidor estaba el Obispo, cuyas relaciones algunas veces fueron algo tirantes. En la Inquisición medieval se dispuso claramente que se necesitaba el concurso del Obispo siempre que se ordenase la tortura y se pronunciase la sentencia final, y Sixto IV, en 1482, hizo hincapié en que se cumpliese esta antigua norma. Pero en España, con frecuencia el Obispo no asistía personalmente, pues tenía muchos otros deberes que cumplir, y en el tribunal, a pesar de su precedencia, tenía menos categoría que el Inquisidor, en quien generalmente delegaba su autoridad. Podía también estar presente un asesor jurídico, normalmente mejor preparado en teología que en jurisprudencia, cuya obligación era la de asesorar a los Inquisidores sobre cuestiones jurídicas. Pero nunca se consideró indispensable el asesor y hacia mediados del siglo XVI desapareció por completo.

El puesto de verdadera importancia inmediato al del Inquisidor lo ocupaba el promotor Fiscal o acusador. En la Inquisición medieval no existía este funcionario, pues el procedimiento era estrictamente por *inquisitio*, no por *accusatio*. La posición y la importancia del Fiscal mejoraron con el tiempo. Retribuido al principio con un sueldo mucho menor, como subordinado del Inquisidor, posteriormente, si no llegó a tener la consideración de este último, poco le faltó. Los inquisidores a veces eran nombrados para ese cargo y entonces utilizaban el título de Inquisidor-fiscal.

Los escribanos o secretarios eran una pieza esencial en

el mecanismo inquisitorial. Sus obligaciones consistían en tomar nota detallada de los interrogatorios y demás actos del proceso, y de cuidar de los archivos. En los primeros tiempos de la Inquisición española los informes eran a veces toscos y fragmentarios, y a pesar de las constantes exhortaciones del Supremo, los documentos no siempre se conservaban cuidadosamente; no obstante, con el transcurso del tiempo, la Inquisición almacenó mucho material de información, incluyendo innumerables datos genealógicos de inestimable valor para ella. Se tenía noticia de todas las familias que en cualquier momento habían sido tildadas de herejía, y las declaraciones de un procesado ante un tribunal en cualquier lugar del país, podían ser comprobadas, con frecuencia, en los archivos de otro tribunal en el extremo opuesto de España.

Aunque su cargo no era retribuido, los expertos conocidos como *calificadores*, a quienes se requería para que hiciesen un examen preliminar de la prueba documental contra el acusado o para que inspeccionasen las publicaciones cuando se trataba de un escritor, tenían una gran importancia, puesto que de ellos dependía la decisión de si un caso era *prima facie* que justificase una acción posterior. Desempeñaron un papel especialmente significativo en los juicios contra personas sospechosas de luteranismo y en los de los estudiosos, de cuya ortodoxia se dudaba. Cuando la censura de libros llegó a ser una de las obligaciones principales de la Inquisición, se requería constantemente a los calificadores para que examinasen la literatura reputada como herética.

En cuanto a los funcionarios de menor categoría de los tribunales bastará simplemente con mencionarlos: el *alguacil*, tipo de hombre que servía para todo, y cuya ocupación principal, sin embargo, era la de detener a los acusados y de apoderarse de sus efectos; el *alcaide* o *carcelero*; el *portero*, que entregaba los avisos y citaciones; el *médico*, cuya presencia se requería para el examen de los presos antes y después de la tortura y para los casos de locura fingida o sospechosa; el *capellán*, que celebraba misas para los Inquisidores (no para los presos, a quienes se les negaba el sacramento); el *barbero* y el *receptor de confiscaciones*, conocido a veces como tesorero.

En algunos tribunales había funcionarios adjuntos a los que no hay necesidad de mencionar; pero todos ellos tenían sus *familiares* que, aunque sin obligaciones bien definidas, pesaban mucho en todos los hechos de la Inquisición, como lo demuestran las continuas quejas contra ellos. En la Edad Media, cuando la vida del Inquisidor rodeado de una población hostil corría peligro, solía ir escoltado por una guardia armada. En lugar de estos asistentes personales, los inquisidores españoles acostumbraban a nombrar por todo el país hombres dispuestos a rendir sus servicios a cambio de los valiosos privilegios que podía conceder la Inquisición. Los familiares procedían de todas las clases de la comunidad. Los más ilustres magnates se enorgullecían de llevar la insignia del Santo Oficio o de desempeñar cualquier otro papel en la ceremonia del *auto de fe*; los más humildes estaban dispuestos a actuar como espías, guardias o simplemente como dependientes, cuando se les necesitaba. Los familiares solían ser muy numerosos, a pesar de los esfuerzos que de vez en cuando hacía el Supremo para reducirlos; con frecuencia procedían de la clase de gente más censurable, y valoraban los privilegios inherentes a la situación, precisamente porque, según su modo de vivir, les proporcionaban aquellas inmunidades y ventajas prácticas para evadir el curso normal de la ley. Una vez se presentó un plan ambicioso que habría dado al Santo Oficio una fuerza mucho más poderosa que la de los desorganizados familiares. Consistía en formar una nueva Orden militar conocida con el nombre de *Santa María de la Espada Blanca*, encabezada por el Inquisidor general, a quien todos los miembros debían jurar obediencia absoluta. Aun cuando Felipe II era un firme defensor de la Inquisición, no es de extrañar que rechazase el plan, que habría creado una oligarquía semimilitar más poderosa que las órdenes de Santiago, Calatrava y Alcántara, que en tiempos anteriores habían constituido una seria amenaza para la monarquía castellana.

Era condición necesaria para formar parte de la proyectada Orden que el candidato no llevase en las venas ninguna *mala sangre*, ninguna mancha de sangre judía, mora o herética. Con el tiempo, la Inquisición hizo hincapié en esa condición para todos los que estaban a su servicio, en cualquier calidad. La propensión de los cristianos viejos a considerarse como una casta aparte, a tener a mucha honra su *limpieza* o pureza de sangre, no fue creada por el Santo Oficio, pues las órdenes militares ya-lo requerían mucho antes de que la Inquisición llegase a ser tan exigente. Hasta 1560 el Supremo no dio disposiciones acerca de la *limpieza* de sus funcionarios. De ahí en adelante los candidatos, incluso a los puestos más insignificantes y sin retribución, debían presentar pruebas de su pureza de sangre. ¿Dónde podían encontrarse esas pruebas? La Inquisición poseía en sus archivos numerosos y extensos testimonios acerca de ello; y realmente pronto fue necesario que el aspirante a puestos no sólo del Santo Oficio, sino para cualquier cargo de la Iglesia o del Estado, acudiese a la Inquisición en busca de la prueba requerida. Una vez cumplido este requisito, la Inquisición solía cobrar una gabela antes de emprender la necesaria investigación, y la entrega de certificados de *limpieza* constituyó una nueva fuente de ingresos muy beneficiosa. En vista de que la relación, por matrimonio, con familia judías o moras, el hecho de tener algún antecesor que hubiese sido castigado levemente como sospechoso de herejía significa *mala sangre*, una gran parte de los españoles no estaba en condiciones de probar *limpieza*, y de esta manera, inevitablemente, muchos hombres de gran capacidad y entereza fueron excluidos de los servicios públicos de su país o de la Iglesia.

Entre los no excluidos por la *mala sangre* estaba muy extendido el deseo de ocupar algún puesto en el Santo Oficio, máxime si aquél era meramente nominal. Debido a la autoridad autocrática, pertrechada con las armas espirituales del anatema y la excomunión, apoyada por la Corona, que exigía a todos los funcionarios seculares un juramento no sólo para ayudarla en su labor, sino también para velar por sus inmunidades, la Inquisición podía ser tan útil a sus amigos como temible para sus enemigos.

Es difícil generalizar acerca de los privilegios de la Inquisición. Variaban de época en época; algunos de ellos sólo podían ser gozados por los funcionarios retribuidos; algunos eran reconocidos de modo general, otros rigurosamente discutidos por las Cortes o las potestades seculares. Hasta que subió al trono la dinastía de los Borbones a principios del siglo XVIII, los funcionarios retribuidos estaban exentos normalmente del pago de los impuestos nacionales. Nunca se aceptó la petición de los familiares de que se les concediese esta gracia, a pesar de que insistieron mucho en ello. De vez en cuando los Inquisidores se esforzaron en obtener la exención del derecho de consumos y otras obligaciones locales. En algunos lugares lo consiguieron, pero la adquisición de este privilegio dio lugar a incesantes discusiones.

Pueden resumirse brevemente otros privilegios: el derecho de los Inquisidores, cuando viajaban, a tener alojamiento sin costo alguno y comidas a precios especiales, y a diferencia de los ciudadanos ordinarios estaban libres de la obligación de sufragar los gastos de alojamiento de soldados. Otro de los derechos que poseían tanto los familiares como los funcionarios ordinarios del Santo Oficio era el de llevar armas. Esto puede justificarse por la razón fundamental de que el cumplimiento de ciertas obligaciones, tales como la detención de delincuentes influyentes, a veces acarreaba peligro; pero en la práctica se reducía a que un gran número de personas, incluyendo algunas irresponsables, andaban armadas, con ventaja sólo para ellas y a veces en detrimento del bienestar público.

Pero el más preciado de los privilegios fue el de la independencia de jurisdicción. El Clero estaba, de todos modos, fuera del alcance de la justicia secular, pero ¿qué ocurría con los numerosos dependientes laicos de la Inquisición? Se pidió que los pleitos en que intervenía un funcionario del Santo Oficio fuese como demandante o como demandado, sólo pudieran sustanciarse ante aquel tribunal. Tanto Fernando como León X establecieron que el derecho de exención se aplicase sólo en los casos en que el funcionario fuese demandante, pero mientras que el Rey dispuso que este privilegio se limitase a los funcionarios retribuidos, el Papa extendió también este beneficio a los familiares. Carlos V, en un principio, quiso que los familiares gozasen de esta inmunidad, pero no transcurrió mucho tiempo sin que cambiase de parecer, llegando a la conclusión de que con ello se los inducía a cometer crímenes que de otro modo no se atreverían a intentar. Finalmente, mediante una *concordia* o acuerdo de 1553, en Castilla, se estipuló que los familiares estarían sometidos a los tribunales seculares en todos los asuntos y faltas civiles. Hubo acres quejas en el reino de Aragón sobre el número de familiares y de sus frecuentes desórdenes; en contestación a las representaciones de las Cortes se llegó a la solución de que los innumerables familiares se reducirían a determinadas personas y que se proveería a los magistrados de listas, que les facilitasen la identificación de quienes tenían derecho a estos privilegios.

A pesar de las *concordias*, en Castilla y Aragón no desapareció completamente el roce entre la Inquisición y los demás tribunales. En el deseo de proteger a sus funcionarios y servidores, el Santo Oficio se encontraba con frecuencia en conflicto, no sólo con los seglares, sino también con otros tribunales espirituales. Los choques entre diferentes sistemas de justicia existentes en un país son un fenómeno muy común, y las querellas entre la Inquisición española y otras jurisdicciones no difieren de las que ocurrieron entre el *Common Law* y la *Cancillería* en las diversas épocas de la historia de Inglaterra. Por otra parte, la preferencia que la Corona de España demostraba por el Santo Oficio indujo a creer a Soranzo, embajador de Venecia en 1565, que se intentaba utilizarlo en detrimento de otros sistemas que no gozaban de la benevolencia del Rey; el célebre episodio de Antonio Pérez, ocurrido a fines del siglo, motivó esta presunción.

Pérez, protegido por el Príncipe de Éboli, el consejero más docto de Felipe II, sucedió a su protector en calidad de Primer Ministro. Don Juan de Austria, que trataba de sofocar la sublevación de los Países Bajos, en el verano de 1557, envió a Madrid a su secretario Escobedo para pedir un mayor abastecimiento de material bélico. Pérez, que continuamente había tratado de indisponer al Rey contra Don Juan, le convenció de que el verdadero objeto de la misión de Escobedo era fomentar una rebelión. Felipe dio instrucciones a su Ministro para asesinar a Escobedo, hecho que tuvo lugar el 31 de marzo de 1578. Muchos personajes poderosos de la Corte sospecharon la culpabilidad de Pérez y con el tiempo el Rey juzgó oportuno repudiar a su esbirro y autorizar su persecución. Con la tortura, Pérez reconoció su culpa, pero declaró cómplice al Rey. Sin embargo, en abril de 1590 logró escapar de la prisión, y por ser aragonés fue a Zaragoza e hizo valer el derecho de *manifestación*, esto es, el recurso de ser juzgado por el tribunal popular de los *Justicia* y no por uno de los tribunales reales. Este viejo privilegio de los súbditos aragoneses no había podido ser anulado por Felipe. Ocurría que en esta época los aragoneses estaban enfrascados en una violenta disputa con el monarca oponiéndose a su determinación de nombrar un virrey extranjero, y en estas circunstancias Pérez fue recibido con los brazos abiertos. A su debido tiempo fue juzgado por el tribunal del *Justicia*, el cual decretó su libertad.

Felipe estaba enfurecido y decidido a no ser contrariado por los aragoneses, excesivamente independientes. Habiendo fallado de la misma manera una serie de cargos inventados contra Pérez, decidió recurrir a la Inquisición. Se alegó que en su detención el infortunado hombre había utilizado, por desesperación, palabras blasfemas, y sobre esto se basó la acusación de herejía. El Inquisidor general ordenó la detención de Pérez y, actuando bajo sus instrucciones, el tribunal de Zaragoza pidió la entrega de su persona; como el derecho de *manifestación* no se extendía a los procesados por herejía, el lugarteniente del *Justicia* entregó a Pérez a la Inquisición. Pero la noticia de esto causó un levantamiento tan serio de la muchedumbre de la ciudad, que se erguía en defensa de los *fueros* del reino, que los magistrados, para conservar el orden, persuadieron a los inquisidores de que devolviesen a su prisionero a la custodia del *Justicia*.

Aragón, por la acción del populacho, se equivocó, y el Rey aprovechó con presteza la oportunidad que se le presentaba. Los inquisidores publicaron un edicto que establecía las terribles penas a que se exponían los que impidiesen las funciones legales del Santo Oficio. Los nobles y todos los miembros tibios de la comunidad, separándose de la manera de proceder de la chusma, decidieron que Pérez debía ser aprehendido de nuevo por la Inquisición. Pero él todavía tenía amigos poderosos. Hubo una nueva agitación y fue rescatado de sus guardianes. Entonces, desesperado, empezó a intrigar para la formación de una república aragonesa independiente, bajo la protección de Francia. No encontrando apoyo para un plan tan revolucionario logró escapar a territorio francés. La resistencia de Zaragoza se derrumbó por completo. El joven *Justicia* —su padre había muerto en el transcurso del caso Pérez—, fue ejecutado solemnemente y su tribunal pasó a dominio del Rey. Este triunfo del Rey se debió solamente a la hábil jugada de utilizar la única jurisdicción en el país contra la cual nada podía el derecho de *manifestación*.

IV

EL PROCESO INQUISITORIAL Y LAS PENAS

ANTES de examinar los caracteres peculiares del sistema inquisitorial de enjuiciamiento, conviene enumerar brevemente las principales fases del proceso.

Las primeras pruebas se obtenían mediante los ardides de proclamar un tiempo de gracia, que inducía a muchos a entregarse voluntariamente a fin de aprovechar el trato más benigno prometido a los que así lo hiciesen, y del edicto de fe que obligaba en forma solemne a todo buen cristiano, bajo los más espantosos anatemas, a declarar todos los casos relativos a herejía y los demás delitos de la competencia del tribunal de que tuviese conocimiento. La evidencia obtenida por delación, por rumores públicos, por *diffamatio* de un grupo de vecinos, o que podía encontrarse en escritos de personas sospechosas, se sometía a los *calificadores*, quienes instruían sumario y opinaban acerca de si la persecución era o no justificada. En muchos casos, y en realidad en la mayoría de los que se alegaba judaísmo, conversión al mahometismo, bigamia, etc., se omitió esta fase, pues el examen de los censores se requería principalmente en aquellos casos que implicaban problemas difíciles de teología.

Si parecía que iba a ser un caso *prima facie*, entonces el Fiscal pedía formalmente, como medida de seguridad el arresto del acusado.

La detención de la Inquisición podía caer como un rayo. Podía tener lugar a media noche, despertando al acusado y conduciéndole a la prisión secreta de la Inquisición en un estado de confusión y aturdimiento. En ningún caso el detenido sabía el delito preciso que se le imputaba ni quiénes eran sus delatores. Se apropiaban de todos sus documentos, y si el delito imputado era grave, se le intervenían inmediatamente sus bienes, en vista de que, en caso de condena —cosa que, sin embargo, podía no ocurrir durante meses y aun años, si es que ocurría—, le serían confiscados. El alguacil que efectuaba la detención iba con un escribano, que levantaba acta de los bienes del detenido.

La prisión secreta a la que iba a parar el sospechoso era generalmente un lugar mucho más desagradable que la *casa de penitencia*, en donde sería encerrado si llegaba a ser condenado a encarcelamiento. Esto constituía una de las curiosas anomalías de la práctica inquisitorial, pues el arresto del acusado en espera de juicio era, por lo general, más severo que el del que estaba condenado a prisión. Las cárceles secretas eran con frecuencia oscuras, apestosas, lugares terribles infestados de alimañas, aunque parece que otras fueron, en cambio, relativamente limpias, claras, ventiladas y saludables. En algunas de ellas sus ocupantes recibían alimentos buenos y suficientes, siendo atendidos decorosamente por los médicos cuando estaban enfermos; contrariamente, algunas veces existía un gran descuido. De todos modos, cuando se leen hechos espeluznantes ocurridos en los calabozos de la Inquisición española, es necesario tener en cuenta que sus condiciones no eran peores que las de muchas cárceles civiles, no sólo de España, sino también de otros países. En todas partes la vida en la cárcel era espantosa en comparación con los tipos modernos creados por la reforma iniciada por Beccaria y Howard.

Desde que el acusado entraba en la cárcel secreta, y antes de que se le notificase la naturaleza del cargo que se le hacía, llegaba a transcurrir un período de tiempo considerable. Poco después de ingresar podía ser visitado en su celda e interrogado acerca de si conocía la razón de su arresto, exhortándosele a confesar los pecados de que su conciencia le acusara. No cabe duda de que se le imprecaría a hacer todo esto en su primera entrevista con el Inquisidor, en la que, además, le hacía muchas preguntas relativas a su domicilio, ocupación, familia, parientes, amigos y maestros, y lugares en donde había residido anteriormente. Era norma que sus respuestas no debían ser interrumpidas, y por esto debían ser cuidadosamente registradas. Se le pedía que rezase las oraciones al Señor, el Padrenuestro y el Avemaría. Esta formalidad servía para descubrir los convertidos al cristianismo, recientes y meramente nominales, y nunca se omitió, aun en el caso de los cultos y piadosos Padres de la Iglesia. El acusado podía ser enfrentado al Inquisidor en las varias audiencias anteriores al juicio. Cuando convenía, la Inquisición podía actuar con gran rapidez, pero por lo general sus procedimientos eran muy lentos, pudiendo transcurrir varios meses desde la detención hasta la primera audiencia, y desde una audiencia a otra; todo el proceso a veces abarcaba años.

Sólo después de estos interrogatorios preliminares el Fiscal presentaba formalmente las pruebas y pedía que éstas fuesen ratificadas. Los testigos eran interrogados por el mismo Inquisidor o, con más frecuencia, por un escribano. La ceremonia de ratificación tenía lugar ante dos frailes, conocidos como *personas honestas*, en ausencia del acusador, y consistía en leer todas las declaraciones a los testigos como garantía contra la inexactitud o falsedad. Si la diligencia de prueba era una realidad, proporcionaba una cierta protección al procesado, pero parece que, con frecuencia, fue formularia. Luego venía el momento de que el acusado hiciese su defensa; para ello se le permitía un defensor. Este privilegio no había existido últimamente en la Inquisición medieval. Los grandes Inquisidores Bernard Gui y Eymeric establecieron que los defensores de los acusados de herejía pudieran llegar a ser perseguidos como protectores de herejes, y pocos querían correr el riesgo que esto involucraba. Por otra parte, al procesado se le asignaba en España casi siempre un consejero; sin embargo, la protección que representaba esta práctica no era muy grande. El procesado no podía elegir su propio consejero, pero podía escoger entre los dos o tres nombrados por el tribunal. No se concebía que el consejero actuara como un verdadero defensor e hiciera cuanto le fuese posible para desvirtuar la evidencia, interrogando severamente a los testigos y presentando la conducta de su patrocinado en su aspecto más favorable, sino que debía esforzarse principalmente en persuadir al acusado para que se reconciliase con el tribunal haciendo plena confesión.

Las condiciones bajo las cuales se tramitaba el juicio inquisitorial impedían una defensa verdaderamente completa y eficaz. Cualquier consulta entre el consejero y su patrocinado tenía que verificarse delante del Inquisidor; como los nombres de los testigos de cargo no eran revelados a ninguno de ellos y las acusaciones podían carecer de detalles concretos, iban a ciegas y tenían que proceder por conjeturas. Como había ocurrido en la Inquisición medieval, la línea defensiva de mayor esperanza para el acusado era la de citar a cualquiera de sus enemigos a quienes considerase capaces de formular cargos falsos contra él. Si entre los testigos se encontraba este enemigo mortal, su evidencia no tenía validez; pero este método de defensa significaba aventurarse a acertar o equivocarse. El defensor podía también llevar sus propios testigos, que afirmasen la buena reputación, sanos principios y prácticas religiosas del acusado. Además podía alegar circunstancias atenuantes: excesiva juventud, locura, embriaguez o cualquier otra incapacidad similar, o la falta de intención herética. Pero la Inquisición siempre desconfió cuando se alegaba locura, y a muchos pobres desdichados, a quienes un juez de hoy no habría dudado en enviar a un manicomio, el Inquisidor los mandaba a la hoguera. En todo caso, era probable que la alegación de locura fuese comprobada mediante el uso de la tortura y, sin duda, se empleaba ésta en los que negaban su intención herética.

Después que el acusado había contestado a los cargos como mejor podía, tenía lugar la llamada *consulta de fe*, acerca del veredicto, entre el Inquisidor, el Obispo o su ordinario, y quizás uno o dos peritos en teología o derecho. Siempre que estuviesen en desacuerdo, el voto decisivo correspondía al Supremo. Cuando se hizo más frecuente la intervención del Supremo en los asuntos de los tribunales, la importancia de la *consulta de fe* disminuyó mucho y más tarde se suprimió esta fase del juicio inquisitorial. La *consulta* podía dar lugar a una decisión inmediata del caso, o bien, si las pruebas no eran satisfactorias o se dudaba por cualquier otra razón, se recurría a la tortura.

El tormento se utilizaba cuando el acusado era incongruente en sus declaraciones, si esto no estaba justificado por estupidez o por flaqueza de memoria; cuando hacía solamente una confesión parcial; cuando había reconocido una mala acción pero negaba su intención herética; cuando la evidencia era en sí defectuosa. Por ejemplo, era un sano principio el que para probar la herejía fueran necesarios dos testigos del mismo acto; pero, por otra parte, la prueba de un testigo, apoyada por el rumor general o la difamación, era suficiente para justificar la tortura. Este razonamiento tenía la curiosa consecuencia de que cuanto más débil era la evidencia para la persecución, más severa era la tortura. Sin embargo, hay que recordar que la alternativa inmediata al tormento era la condenación.

La última fase del proceso era el pronunciamiento formal de la sentencia. Para los culpables de faltas leves esto se hacía privadamente dentro del palacio de la Inquisición; pero en el caso de delitos graves se reservaba para una gran ceremonia pública o *auto de fe*. A la mayoría de los que tenían que comparecer en el *auto de fe* no se les informaba de la naturaleza del castigo que se les iba a imponer hasta la mañana del día del acontecimiento, en que se les vestía de manera característica que permitía a los espectadores reconocer la índole de sus delitos; pero a los más culpables, a los que tenían que perecer en la hoguera, les era anunciado en la noche anterior para darles la última oportunidad de confesarse y salvar su alma. Las sentencias podían ser pronunciadas *con méritos* o *sin méritos*, es decir, con una enumeración detallada de los delitos de que se hacía culpable al procesado o sin ella. Las primeras, a veces, eran tan extraordinariamente extensas que su lectura requirió, en alguna ocasión, horas enteras.

Tales eran las fases del procedimiento de la Inquisición española. Sus rasgos más destacados fueron el uso de la tortura, la situación desventajosa en que actuaba la defensa y el papel principal que desempeñaba en todo el proceso el Inquisidor que presidía.

Gran parte del odio que la Inquisición española despertó en el espíritu del pueblo ha sido la asociación de aquélla con las crueldades de la cámara de tortura. La idea de infligir graves tormentos físicos a fin de forzar las confesiones de un hombre enjuiciado por sus opiniones religiosas repugna actualmente a la sensibilidad, y ciertamente esta repugnancia tiene que aumentar con la relación de los hechos que se encuentran en los archivos de la Inquisición acerca de todo lo que ocurrió durante la aplicación de los tormentos. Se tomaron notas meticulosas, no sólo de todo lo que la víctima confesó, sino de sus giros, llantos, lamentaciones, interjecciones entrecortadas y voces pidiendo misericordia. Lo más emocionante de la literatura de la Inquisición no son los relatos de las víctimas acerca de sus sufrimientos, sino los sobrios informes de los funcionarios de los tribunales. Nos angustian y horrorizan precisamente porque no tienen intención de conmovernos. El escribano que de manera metódica registra estos penosos detalles, no tiene idea de que haya en ellos nada conmovedor. Esta actitud de despego por su parte se debe, no al hecho de que fuese un funcionario del tribunal acusador, sino a que vivió en una época de mentalidad distinta a la nuestra.

En la Inquisición española, en algunas ocasiones, la tortura se aplicaba a un testigo si contestaba con evasivas o se retraía, al mismo tiempo que el acusado podía ser torturado en calidad de testigo *in caput alienum*, para usar la frase técnica, es decir, para sonsacarle información relativa a los cómplices. Ninguna confesión se consideraba completa si no contenía esta información. Así, un hombre que hiciera confesiones voluntarias contra sí mismo, podía ser torturado al resistirse a traicionar a sus amigos.

Con frecuencia se ha atribuido a la Inquisición española la creación de nuevos refinamientos y exentricidades de crueldad; de hecho parece haber sido muy conservadora en su proceder. Generalmente empleaba para este fin ejecutores públicos, que utilizaban únicamente los métodos más corrientes entre la gran variedad de los practicados en los tribunales civiles. Los más comunes eran el tormento de la garrucha y el del agua. El primero consistía en amarrar las manos de la víctima a su espalda, atándole por las muñecas a una polea u horca, mediante la cual era levantada. En los casos severos se ataban a los pies de la víctima grandes pesos; se le levantaba durante un rato y después se le dejaba caer de un golpe que dislocaba el cuerpo entero. La tortura del agua era probablemente peor. El reo era colocado en una especie de bastidor, conocido como la *escalera*, con travesaños afilados, la cabeza situada más baja que los pies en una cubeta agujereada y mantenida en esta posición por una cinta de hierro en la frente. Se le enroscaban en los brazos y piernas cuerdas muy apretadas que le cortaban la carne. La boca tenía que mantenerse forzosamente abierta, y metiéndole un trapo en la garganta, se le echaba agua de un jarro, de manera que nariz y garganta eran obstruidas y se producía un estado de semiasfixia. Estas dos formas de tortura fueron desplazadas, en el siglo XVII, por otras consideradas menos perjudiciales para la vida y los miembros del cuerpo, pero apenas más soportables. Bastante tiempo antes de la abolición de la Inquisición los instrumentos de tortura se habían convertido en simples vestigios de un terrible pasado.

Antes de aplicarle la tortura, la víctima era siempre examinada por un médico, y las incapacidades graves normalmente posponían el acto, cuando no lo evitaban.[6] Por otro lado, ni la juventud ni la vejez estaban a salvo; viejas de ochenta años y muchachas de quince a veinte eran igualmente sometidas a tormentos. Todo el trabajo de la cámara de tortura se llevaba a cabo con la mayor deliberación. En cuanto la víctima era conducida a la habitación y aparecía la horrible figura enmascarada del ejecutor, se le imprecaba encarecidamente a que se salvase confesando voluntariamente. Si rehusaba, se le desnudaba dejándole sólo unos calzones y se le instaba de nuevo a que confesase. Si el acusado no cedía empezaba la tortura. Procedían de manera lenta, a fin de que de cada tirón y sacudida se obtuviera el máximo efecto. Era norma no dirigir preguntas concretas al reo mientras estuviera en la escalera o en la polea, pero todo lo que decía —aunque fuese inarticulado—, se anotaba. Había también la norma de que nunca se podía repetir la tortura, pero tal como había ocurrido en los tri-

---

[6] El Inquisidor presidente, normalmente hacía una protesta formal de que si la víctima moría o sufría graves daños corporales bajo la tortura, esto debía atribuirse no a la Inquisición, sino al mismo reo, por no decir la verdad voluntariamente.

bunales medievales, en los de España esta prohibición fue salvada de manera casuística, mediante el subterfugio de considerar la segunda o tercera aplicación como continuación de la primera. Las confesiones verificadas durante la tortura debían ser ratificadas dentro de las veinticuatro horas después de salir de la cámara de los tormentos sin hacer uso de amenazas. No hay que suponer que la tortura fuese una concomitancia invariable de los juicios inquisitoriales; probablemente en la mayoría de los casos no se estimaba necesaria, y no se permitía en el juicio de gran número de faltas menores comprendidas dentro de la esfera de la Inquisición.

Algunas de las incapacidades que podía alegar el reo han sido ya mencionadas. La protección que le procuraban la ratificación de la prueba por el Fiscal y la provisión de un defensor, era casi ilusoria. Desde sus comienzos en el siglo XIII, la Inquisición nunca, en ningún país, había sido justa con el procesado en cuestiones de prueba. La evidencia aportada por un pariente se aceptaba si era perjudicial, pero nunca si era favorable. Criminales, excomulgados, toda suerte de personas indeseables eran oídas libremente contra el detenido, pero los judíos, moros y criados del reo, aunque tuviesen la reputación más digna, nunca podían atestiguar por él. La negativa a revelarle la identidad de sus acusadores era, sin embargo, su más importante incapacidad. El Inquisidor general Manrique, al principio fue partidario de que se publicasen los nombres, pero al asegurársele que este paso acarrearía un gran aumento de judaizantes y que sería perjudicial para el éxito de la Inquisición, retiró la propuesta.

Finalmente, la defensa era difícil porque la Inquisición no era un tribunal de justicia ordinario y el Inquisidor no era tampoco un juez ordinario. El Santo Oficio pretendía ser el tribunal más clemente de todos porque sus fines no eran la administración de una justicia rígida y automática, sino la reconciliación del delincuente. Confesarse culpable con el Santo Oficio era obtener perdón; ¿de qué otro tribunal se podía decir eso? El Inquisidor era tanto Padre confesor como juez, que pretendía no una condenación, sino acabar con un extravío y devolver al rebaño la oveja descarriada. Por esto se instaba constantemente al acusado a que recordase la diferencia fundamental entre la Inquisición y los tribunales ordinarios, y que su finalidad no era el castigo del cuerpo, sino la salvación del alma, y por lo mismo, se le imprecaba a que tratara de salvarse por medio de la confesión.

Esta actitud suponía que había algún grado de culpa que confesar; y se puede comprender perfectamente que el punto de vista inquisitorial era el de que no hay humo sin fuego. Y aun a aquellos cuya inocencia se demostraba claramente en el curso del juicio inquisitivo, se les censuraba por haber sido tan descuidados e imprudentes que se encontraban en estas tribulaciones; la conducta de un buen católico debía ser la de no exponerse nunca a ser sospechoso. La Inquisición española, al igual que la medieval, consideraba el hecho de incurrir en sospecha como delito y lo castigaba en proporción a su gravedad, *como leve, moderado* o *fuerte*. De este modo era extraordinariamente difícil que un hombre que hubiese sido llevado ante el Santo Oficio saliera de allí materialmente sin una sola mancha en su reputación. Si existía la más remota duda de inocencia absoluta, se le declaraba levemente sospechoso. Solía decirse: "Un hombre puede salir de la Inquisición sin ser quemado, pero tiene la seguridad de que saldrá chamuscado."

El Santo Oficio, al no ser un mero tribunal de derecho que inexorablemente daba su merecido a las malas acciones, sino un medio para la salvación de las almas, no castigaba, hablando estrictamente; sólo imponía las penas adecuadas a la gravedad del pecado que habían sido admitidas como signos externos y visibles de arrepentimiento. De esta manera el penitente que había incurrido en sospecha tenía que jurar ante la Cruz y con la mano sobre los Evangelios que conservaba la fe católica y que detestaba a los herejes, y que soportaría con agrado cualquier sufrimiento que se le prescribiese; y si la sospecha había sido fuerte tenía que añadir, además, que deseaba, en caso de no cumplir la pena, que fuese tratado como reincidente. Entonces, el castigo para reincidencia sería el de morir quemado, y no hacía falta ningún otro juicio. La abjuración *de vehementi*, tal como se llamaba, era por tanto un acto solemne y terrible.

A veces la Inquisición imponía a las faltas más veniales sólo penas puramente espirituales, como ayunos frecuentes y regulares o realizar peregrinaciones a Santiago de Compostela y otros santuarios; pero este último castigo, común en la Inquisición medieval, era raro en España. Se imponía con mucha más frecuencia el exilio por períodos que variaban de uno o dos meses a toda la vida; podía ser exilio de la propia ciudad o pueblo del acusado o incluso del país. Éste era un grave castigo, que evidentemente podía causar la ruina de un hombre de carrera o de negocios.

Con más frecuencia todavía se imponía la pena de flagelación. Los penitentes sentenciados a este castigo eran montados a horcajadas sobre un asno, desnudos hasta la cintura, con un dogal al cuello y una capucha en la cabeza en la que se inscribía la indicación de su delito. Eran conducidos solemnemente por las calles; mientras el ejecutor les golpeaba la espalda con una correa, un escribano llevaba la cuenta de los latigazos y un pregonero proclamaba que el castigo había sido ordenado por el Santo Oficio. En la gran mayoría de las sentencias de flagelación se imponían 200 azotes; Ni la edad ni el sexo libraban de ellos. En Valencia, en 1607, un viejo de ochenta y seis años y una niña de trece recibieron 100 latigazos. En el siglo XVIII hubo una reacción contra esta pena, y algunas veces, aunque se ordenara, se perdonaba en la práctica. Otras veces, simplemente se hacía desfilar al reo con la espalda al aire, el dogal al cuello y la capucha, sin ser azotado. Esta pena menor era conocida como *vergüenza* o humillación.

La cárcel era la más común de las penas mayores, oscilando el tiempo de internamiento de unos meses a toda la vida. Pero la sentencia de prisión perpetua podía, *cum misericordia*, ser condonada y el delincuente podía tratar de liberarse en cinco años o menos. Incluso una sentencia nominalmente irremisible raras veces implicaba confinamiento por más de ocho años. Parece que los recursos de la Inquisición estaban excesivamente tasados para proveer la acomodación necesaria, al mismo tiempo que no estaba dispuesta a gastar dinero en la construcción y mantenimiento de gran número de cárceles. En sus primeros tiempos, cuando la persecución se hacía en gran escala, encontramos casos de presos a quienes se les permitía cumplir la condena en casas particulares; en algunas ocasiones, en la suya propia. La detención en tales casos no puede haber sido una pena muy dura y a veces poco más que nominal.

Fue por falta de acomodación suficiente en las cárceles y también quizás para satisfacer las demandas del Rey, por lo que la Inquisición condenó algunas veces a galeras a los reos. Una bula de Alejandro VI, de 1503, sancionó este castigo de la herejía, basándose en que si los herejes eran destinados a galeras ordinarias podían pervertir a los demás ocupantes. El humanitarismo del siglo XVIII trajo la norma de que nadie podía ser enviado a galeras sin ser declarado físicamente apto por un médico. El trabajo de remero era un castigo muy duro, mucho peor que el encierro en una cárcel penitenciaria.

Todo el que comparecía ante un *auto de fe* como penitente, tenía que llevar un hábito especial, conocido generalmente como *sambenito*. Este sistema proviene de los primeros tiempos de la Inquisición medieval; los Concilios de Narbona (1229), y de Béziers (1233), establecieron minuciosas regulaciones relativas a estas vestimentas. En tiempos de Torquemada los *sambenitos* eran todos negros, pero posteriormente este color quedó reservado para los herejes obstinados y reincidentes (llevaban estampados dibujos espeluznantes de espantosas llamas o de demonios empujando al impío hacia el infierno), mientras que otros eran amarillos, con la cruz de San Andrés roja o azafranada bordada en la espalda y en el pecho. Además de vestir el reo con estas ropas de ignominia en el momento solemne del *auto de fe*, los tribunales, con frecuencia, prescribían como pena el uso permanente del *sambenito* durante un período determinado. No era éste un castigo leve, puesto que el que lo llevaba se exponía al escarnio y al insulto cuando pasaba por las calles o cuando estaba en su trabajo. La Inquisición disponía también que después de cumplida la condena no se destruyera el *sambenito*, sino que fuese colgado en lo alto de la iglesia parroquial para perpetua memoria de la vergüenza en que había incurrido el que lo llevó, y para advertencia a sus descendientes. Y no sólo eso, sino que cuando se destruía el hábito de viejo, era reemplazado por pedazos de tela amarilla con los nombres, familia, delito y castigo del delincuente. La Inquisición dio, sencillamente, gran importancia al sistema del *sambenito*, y uno de los deberes del Inquisidor cuando hacía las inspecciones periódicas a sus distritos era el de ver si los *sambenitos* y los pedazos de tela se conservaban debidamente en las iglesias. Naturalmente, con frecuencia se hicieron tentativas para esconder o robar estos perdurables símbolos de vergüenza.

El castigo inquisitorial implicaba automáticamente una serie de importantes incapacidades para el reo y su familia, especialmente la inhabilitación para cargos públicos y la confiscación de bienes por el Estado. La dote de la mujer no se consideraba confiscada por la herejía del marido, y la Inquisición española, a diferencia de la medieval, por lo regular reconocía que las deudas adecuadamente comprobadas eran una primera carga sobre los bienes confiscados. Torquemada dispuso que una pequeña parte de los bienes del reo podía ser utilizada por los inquisidores para mantenimiento y educación de los hijos del condenado. Peña, una de las principales autoridades en el procedimiento inquisitorial, sostenía que los hijos de los herejes debían ser colocados de aprendices en artes mecánicas y sus hijas de criadas en familias de intachable reputación religiosa. Por otro lado, Simancas, autoridad todavía mayor, estudiaba la mendicidad de los hijos de los herejes con ecuanimidad y llegaba a estimarla como cosa de bien público. Otro Inquisidor justificaba del mismo modo el castigo de los hijos y del padre porque la herejía no era un delito meramente contra los hombres, sino contra Dios. Aun admitiendo que se concediesen tales mitigaciones, el sistema de confiscación infligía grandes sufrimientos a muchas personas inocentes, y apenas se puede exagerar el daño causado al bienestar económico del país. Entre aquellos a quienes les fueron confiscados sus bienes en tiempo de Fernando y Carlos V había marranos y moriscos, cuya riqueza se utilizaba de manera productiva en el comercio y en la industria. Entre esas propiedades se encontraban mercaderías y barcos, así como casas, muebles y efectos personales. Cuando estas cosas se confiscaban de modo inesperado, no sólo se producía una desorganización en los negocios, sino que el crédito se resentía severamente.

Torquemada dio instrucciones para que los que se entregasen voluntariamente dentro del período de gracia fueran exceptuados de la confiscación, pero obligados a una multa a medida que transcurría el tiempo y las víctimas de la Inquisición procedían de clases menos ricas; la imposición de multas llegó a ser tan común como los castigos normales para aquellos delitos que estorbaban la labor del Santo Oficio: bigamia, blasfemia, ayuda a los herejes y sospecha de herejía. El celo de persecución a menudo se ha atribuido a la codicia. Se acentúa esta acusación cuando se dirige más contra la Inquisición española que contra la medieval, puesto que gran parte de los herejes de España eran gente adinerada y, por el contrario, la mayoría de los sectarios de la Edad Media eran pobres, a quienes, ciertamente, no merecía la pena quitarles sus bienes temporales. Sin embargo, la persecución religiosa, en todo caso, no puede atribuirse simplemente a motivos mercenarios. Por otro lado, el considerable papel que las penas pecuniarias desempeñaban en el procedimiento inquisitivo demuestra la importancia que se les concedía. No sólo se mantenía el mecanismo de persecución con el producto de aquéllas, sino que grandes sumas entraban en la Real hacienda.

El último y más terrible castigo para la herejía era el de la hoguera. Del mismo modo que la Inquisición nunca sentenció a un acusado a la confiscación de bienes, tampoco condenaba a nadie a muerte. Lo que hacía la Inquisición era entregar al penitente al brazo secular. El hereje era ejecutado por la autoridad del Estado de acuerdo con sus leyes. Los inquisidores hacían cuanto les era posible para salvar al reo con incesantes razonamientos y exhortaciones. Solamente cuando este fervoroso esfuerzo de redención tropezaba con una gran obstinación, apartaban sus brazos protectores y lo dejaban en manos del poder temporal, que procedería con él, no de acuerdo con la gran paciencia que demostraba la Iglesia, sino con una justicia estricta e imparcial. Tal es la teoría que fundamentaba la sentencia de la "relajación al brazo secular". La Santa Madre Iglesia no puede derramar la sangre de sus hijos, ni aun del más reacio. Pero del mismo modo que es esencial comprender el hecho de que los herejes eran quemados por el Estado, no por la Inquisición, lo es asimismo el no engañarse con ello, imaginando que la Inquisición se libra de toda responsabilidad moral en este asunto. Solamente los ignorantes apologistas del Santo Oficio cometen el error tan grande y estúpido de señalar tal cosa. La sentencia de relajación equivalía a una sentencia de muerte y el Inquisidor lo sabía cuando la dictaba. No había escapatoria posible. Las autoridades seculares tenían que aceptar el veredicto y llevar a cabo el castigo, porque "relajación" era un eufemismo universalmente entendido, y un funcionario de la Inquisición debía estar presente en la quema para comunicar a su tribunal que se había realizado. Castigar al hereje obstinado con cualquier pena menor que la muerte hubiese sido obstaculizar todo el sistema inquisitivo. Azotar y encarcelar al penitente y después no tener la seguridad de que el impenitente encontrase un destino peor, hubiera sido estúpido e injusto. Así, cuando el Inquisidor relajaba al hereje al brazo secular y rogaba que fuese tratado con benignidad, cualquier interesado sabía que ésta era una fórmula vacía y los que la utilizaban se habrían indignado con razón si la hubiesen tomado en serio. Pues el Inquisidor estaba sinceramente convencido de que no podía haber mayor vergüenza que consentir que siguiese viviendo el hereje impenitente. Interpretaba literalmente las palabras del Cuarto Evangelio: "El que en mí no está, será echado fuera como sarmiento, y se secará; y amontonados, los arrojarán al fuego para que ardan." [7] Carena expone que puesto que la muerte en la hoguera es la más terrible de todas, es propio que el más cruel de los delitos sea castigados con ella; si se hubiese encontrado un castigo más terrible debería haber sido utilizado. Tal era la opinión del celoso Inquisidor de España en el siglo xvi; la compartían con entusiasmo el magistrado y el ciudadano.

La relajación se reservaba a cinco clases de reos. Primero había la del hereje pertinaz, que reconocía sus falsas doctrinas y rehusaba hasta lo último retractarse. Éstos no eran muchos, especialmente después de que el primer furor persecutorio se había extinguido en los comienzos del siglo xvi y los inquisidores insistían constantemente para obtener la confesión. En segundo lugar, había el *negativo*, el hombre que negaba de manera persistente que sostuviera creencia errónea alguna, cuando el tribunal estaba convencido de que las tenía. Peña presenta solemnemente el problema de si es permisible para un buen católico, enfrentado con el peligro de la hoguera, hacer lo que él considera una falsa confesión. Decide que no lo es. El *negativo* era hombre que considerándose a sí mismo un buen católico y no un hereje (sea con razón o equivocadamente), llegaba a la misma conclusión. Llorente declaró que el noventa por ciento de los condenados por la Inquisición española eran buenos católicos, pero esto es una fantástica exageración. Había también el *diminuto*, aquel cuya confesión se consideraba insuficiente; por ejemplo, el que admitía haber cometido ciertos actos ignorando que fueren heréticos. La clase más numerosa de los que eran entregados al brazo secular eran los reincidentes, esto es, los que habiéndose retractado y reconciliado, caían de nuevo en sus viejos errores. En éstos deben incluirse también los reos que, habiendo abjurado *de vehementi* dejaban de cumplir las penas que se les habían impuesto, y que por eso eran,

---

[7] El Inquisidor siciliano Ludovico á Páramo no estuvo muy inspirado al pretender encontrar justificación para la hoguera en las palabras de Santiago y San Juan, exigiendo la quema de los samaritanos, herejes de la época.

utilizando las palabras de Simancas, justamente castigados como "impenitentes, perjuros y conversos fingidos".

Finalmente, había personas relajadas por la Inquisición española que en la Edad Media se habrían librado seguramente. En aquellos tiempos nadie que estuviera dispuesto a hacer una completa abjuración pagaba con la última pena. Simancas era de la opinión que el heresiarca, el hombre que no sólo mantiene ideas erróneas, sino que las inculca a los demás, era culpable de un delito imperdonable y no debía ser reconciliado a pesar de que estuviera arrepentido. Pablo IV sostuvo la misma opinión, y en 1559 dio instrucciones al Inquisidor general a este respecto. En conjunto, aparte de los casos especiales de heresiarcas, la Inquisición española fue más cautelosa, en cuanto a la aceptación del arrepentimiento en el último momento, que la Inquisición medieval. Eymeric relata el episodio de un hereje que, encontrándose materialmente en medio de las llamas, exclamó que iba a abjurar y fue inmediatamente liberado del fuego. Este incidente no hubiera podido ocurrir a partir de los días de Fernando e Isabel. Las *Instrucciones antiguas* establecían que para evitar la relajación, la confesión debía hacerse antes de la sentencia final, y las *Instrucciones nuevas* llamaban la atención sobre lo poco deseable que era reconciliar a aquellos que demoraban su retractación hasta el momento del *auto de fe,* ya que entonces se inspiraban, probablemente, más por miedo que por contrición. Sin embargo, en esta ceremonia siempre había un lugar debajo del tablado en donde podía colocarse el que abandonase su obstinación en cualquier momento anterior a la lectura de la sentencia, conmutándose la relajación por prisión perpetua y penas adicionales; y aun para el reo que demorase su confesión hasta después de la sentencia formal había una posibilidad de misericordia. En vez de ser quemado vivo, era estrangulado antes de que su cuerpo fuese amarrado al poste de la pira.

En realidad, en España se mostró menos repugnancia de quemar al hereje que en otros países donde floreció la Inquisición. El número de los que sufrieron aquel castigo es absolutamente imposible de señalar, debido al carácter fragmentario de la información minuciosa disponible. Llorente apunta un total de cerca de 32 000, pero sus sistemas de cálculo son fantásticos y ridículos. Todo lo que se puede hacer es considerar las cifras que existían en los tribunales particulares y en períodos limitados. De unas 2 000 sentencias pronunciadas por el tribunal de Toledo entre 1575 y 1610, sólo quince fueron de relajación en persona, mientras hubo ciento ochenta y cinco de confiscación, ciento setenta y cinco de encarcelamiento, ciento sesenta y siete de exilio y ciento treinta y tres de azotes. De 3 000 sentencias pronunciadas en varios *autos* entre 1721 y 1727 hubo setenta y siete de relajación en persona.[8] Ciertamente, las quemas eran mucho más numerosas en los primeros tiempos de la Inquisición, pero entonces no se hacían estadísticas. Sin embargo, se puede señalar que la de Pulgar, secretario de la reina Isabel, cuya crónica empieza en 1490, hace llegar el número de herejes quemados a 2 000 y la de Zurita estima que antes de 1529 sólo en Sevilla habían perecido 4 000.

El gran acontecimiento público que demostraba el poder de la Inquisición era el *auto de fe*. Celebrado en España con más pompa que en la misma Roma, la ceremonia atraía a una enorme muchedumbre, llevada allí por su entusiasmo religioso, por simple curiosidad o por el deseo de ganar los cuarenta días de indulgencia que se acostumbraba conceder por la asistencia. Generalmente se elegía un día festivo para la ceremonia y se hacía la proclamación con un mes de anticipación. Conocida es la burla de Voltaire de que si un asiático llegara a Madrid en tal ocasión, dudaría de si presenciaba un festival, una ceremonia religiosa, un sacrificio o una matanza; de hecho era todo esto. En la noche anterior al *auto* desfilaba una procesión por las calles de la ciudad hasta la plaza en la que se había montado el escenario; encima del altar, sobre el tablado, se depositaba la cruz verde, emblema de la Inquisición. Se

---

[8] Véase *Cátalogo de las causas contra la fe seguidas ante el tribunal del Santo Oficio de Toledo* (Madrid, 1903), pp. 6-330. Resumido en Lea, vol. III, pp. 551-4.

llevaba otra cruz al lugar de la quema, conocido como *que-madero* o *brasero*.

A primera hora de la mañana se reunía a los condenados en la cárcel de la Inquisición, ataviados con los *sambenitos*, y se les daba de comer para que resistiesen la prolongada ceremonia. Entonces se formaba la procesión. Primero iban los alabarderos; después la cruz de la iglesia parroquial cubierta de negro. Luego seguían los penitentes acompañados por alabarderos y familiares; iban delante los que tenían que ser castigados levemente y detrás los que iban a ser relajados. Se llevaban también en alto las efigies de los herejes que no era posible traer en persona, bien porque hubiesen logrado escapar o porque hubieran muerto antes de que se descubriesen sus errores. Estas efigies tenían que ser quemadas a fin de que si la tumba o la fuga salvaba a los condenados de la pena de muerte no librara a sus hijos de la vergüenza de tener unos padres que habían sido relajados y de sufrir las consecuentes incapacidades. Después de las efigies venía un gran número de oficiales seculares y familiares destacados, luego el estandarte de la Inquisición con su cruz verde sobre fondo negro, adornada con una rama de olivo verde a la derecha, símbolo del perdón, y a la izquierda la espada desenvainada de la justicia. Finalmente, detrás del estandarte venían los propios inquisidores.

El procedimiento empezaba con un sermón, después del cual se leía en alta voz el juramento de fidelidad al Santo Oficio, que se consideraba prestado por todos los presentes. Seguía la lectura alternada de las sentencias desde dos púlpitos, que se hallaban a cada lado del escenario; normalmente esto era un procedimiento bastante largo. Cada penitente, cuando se pronunciaba su nombre, se adelantaba y permanecía de pie mientras se leía su sentencia. Luego, de rodillas, recibía la absolución, y el Inquisidor principal le anunciaba que había sido liberado de la excomunión. Al finalizar el acto el reo era trasladado de nuevo a la cárcel de la Inquisición. Al día siguiente sería trasladado a la prisión penitenciaria o entregado a la custodia del Estado antes de ser enviado a galeras o quizás azotado por las calles. Mientras los reconciliados eran devueltos a sus celdas, los obstinados montaban sobre burros, bajo la vigilancia del oficial real y acompañados por los confesores, eran conducidos al lugar de la quema.

Como los *autos* públicos resultaban costosos, eran poco frecuentes, especialmente en el período de decadencia de la Inquisición, y transcurrían años sin que se celebrara ninguno en una ciudad determinada. Los *autos* privados ordinarios se celebraban dentro de una iglesia, y asistía tanto público como era posible, pero sin funcionarios seculares en gestión oficial. En los días de esplendor de la Inquisición se consideraba esencial que debía haber un *auto* público siempre que hubiese presos que tenían que ser relajados, juzgándose inconveniente que la relajación tuviese lugar en recintos sagrados, pero en el siglo XVIII esta dificultad fue vencida por el representante del brazo secular que estaba presente en la iglesia simplemente para oír las sentencias leídas y que luego se dirigía a un lugar de reunión convenido, donde se le entregaban las víctimas para ser conducidas al *brasero*. Se terminaron así estos espectáculos maravillosos, organizados a veces en ocasión de celebraciones de matrimonios reales o visitas oficiales de reyes, como demostraciones externas y visibles de la fe religiosa y unidad doctrinal del pueblo español.

V

MORISCOS Y MARRANOS

La Inquisición española, tal como la crearon Fernando e Isabel, fue el resultado de tres factores: la determinación de lograr la uniformidad religiosa en España, a pesar de su gran población judía y musulmana, el fracaso de la política de conversiones forzadas para realizar este fin y el miedo de que las medidas incompletas pudiesen ocasionar simplemente una contaminación de la cristiandad, en la que los falsos cristianos pervirtiesen a los verdaderos.

Por lo que a los moriscos se refiere, la historia del uso del Santo Oficio para este fin puede explicarse muy brevemente, puesto que la experiencia de poco más de un siglo bastó para persuadir al Gobierno español, en 1609, de que no podía asimilar esta población extraña y que debía ser expulsada. Si los moros convertidos en Granada llegaron a ser cristianos en algo más que el nombre o tuvieron una oportunidad de aprender algo acerca de su nueva religión, dependió en gran parte de si se relacionaban con los misioneros impregnados del espíritu de Talavera o simplemente con las autoridades eclesiásticas con fuerza para obligarlos a asistir a la misa. En el momento de la conquista de Granada se prometió a sus habitantes que se librarían de la presencia de la Inquisición por un período de cuarenta años. Se les concedió este largo plazo para que pudiesen estar tan instruidos en el credo cristiano que después de ese tiempo se consideraría delito cualquier error de doctrina. Pero esta promesa no se cumplió. Cuando Carlos V visitó Granada en 1526, recibió muchas quejas de malos tratos a sacerdotes, así como a funcionarios, y se le presentó un cuadro tristísimo acerca de la situación del cristianismo entre los moriscos. El resultado final fue la publicación de un edicto de Manrique, el Inquisidor general, estableciendo un tribunal en Granada. Al mismo tiempo que se concedía una amnistía para los delitos pasados y se otorgaba un tiempo de gracia durante el cual se aceptarían las confesiones voluntarias, se indicó que después se cumplirían rigurosamente las leyes contra la herejía.

Por lo que se refiere a los habitantes moros de otras partes de España, aun después de 1510, de vez en cuando tenían que publicarse edictos de gracia atendiendo al hecho de que muchos habían caído en el error debido a la falta de instrucción adecuada, y las confesiones realizadas dentro del período estipulado fueron aceptadas sin ocasionar las consecuencias normales de confiscación y abjuración pública. Pero los que no se beneficiaban de este privilegio quedaban expuestos a la delación por parte de informadores privados; en caso de que se incriminasen ellos mismos o fuesen incriminados por otros, la reincidencia implicaba igualmente, para todos, las mismas terribles penas. De esta manera, mientras los moros de Granada se habían librado de molestias, la persecución de sus compatriotas diseminados por otras partes de España había sido frecuente. Los inquisidores se apresuraron a descubrir las pruebas de apostasía en el mahometismo en indicios como la abstinencia de vino y de carne de puerco y la práctica de canciones y de danzas típicas moras en matrimonios y otros festivales, pues se incluyeron en los edictos de fe listas exactas de costumbres moras y otros signos que denotaban mahometismo a fin de facilitar el reconocimiento y la denuncia de los síntomas de apostasía. Como resultado de la labor de la Inquisición, los moriscos fueron reducidos a una conformidad aparente en muchas partes de España, especialmente en Castilla, donde gran número de ellos abandonaron sus vestidos típicos y su lengua nativa.

En 1526 se exigió en Granada un abandono análogo de las costumbres nativas, pero la orden ocasionó tal consternación que fue suspendida. Al principio la Inquisición establecida en Granada no era muy rígida, no celebró su primer *auto* hasta 1529 y sólo fueron sentenciados tres moriscos. Hasta el reinado de Felipe II los moriscos de Granada no sufrieron graves tribulaciones. El cambio de política del gobierno que tuvo lugar en aquel momento se debió, sin duda, a los severos ataques que entonces realizaban los piratas de Berbería a los barcos del Mediterráneo y a las ciudades costeras españolas, y el miedo natural de que los moriscos se relacionasen con sus peligrossos hermanos del norte de África. De vez en cuando circulaban rumores disparatados acerca de que los bereberes, en gran número, invadirían el país, y con la ayuda de los moriscos restablecerían el gobierno musulmán en España. Ciertamente, hubo conspiraciones entre los moriscos, y Enrique IV de Francia jugó con la idea de entrar en alianza con ellos para extorsionar a sus enemigos Habsburgos.

Felipe II decidió revivir la política del edicto de 1526. Tenían que acabarse los baños y las canciones y danzas en que se divertían los moros; no se podía celebrar boda alguna salvo en el rito cristiano; las mujeres no debían ir por las calles con los rostros cubiertos; se prohibió el uso de la lengua árabe después de un plazo de tres años. Tras esta política estaba Espinosa, el nuevo Inquisidor general, y se encargó de ejecutarla a un miembro del Supremo, llamado Deza. El resultado de sus esfuerzos fue una rebelión de moriscos que estalló en diciembre de 1568. Aunque desde el principio se vio perdida, no pudo ser sofocada totalmente hasta después de prolongadas operaciones militares dirigidas por Don Juan de Austria, en 1571. Mucho antes de que se completara la pacificación, Deza propuso que los habitantes moros de Granada fuesen trasladados a otras partes de España, donde en vez de formar una sola comunidad serían diseminados entre los cristianos viejos. A pesar de las dificultades inherentes, la operación se llevó a cabo con tal perfección que en un *auto de fe*, en Granada, en 1593, sólo uno de los 81 reos fue acusado de mahometismo secreto.

Merecen especial mención los moros de Valencia complicados en la *Germanía* de 1520-22. Durante la guerra civil e inmediatamente después de ella se obligó a muchos a que se bautizaran. Además abundaban las empresas misioneras entusiastas. En septiembre de 1525, Carlos V proclamó su decisión en virtud de la cual ningún musulmán podía permanecer en el reino de Aragón. Siguieron más bautismos en gran escala, pues la gran mayoría de los moros valencianos permanecieron en el país, y pronto se pudo decir que, al fin, el reino de Aragón era totalmente cristiano. Se vio que no se podía esperar que los nuevos conversos abandonaran inmediatamente las costumbres que se habían convertido en hábitos; al igual que a sus compatriotas de Granada, se les prometió inmunidad ante la Inquisición por espacio de cuarenta años. Pero otra vez, como en el caso de Granada, se violó la garantía. La autoridad secular podía estar dispuesta a esperar el gradual desarraigo de las costumbres nacionales, pero no la Inquisición, si esto significaba condonar las prácticas paganas. Antes de que transcurriesen diez años hubo numerosas persecuciones contra el islamismo, y si los moros gozaban de la exención de confiscación de sus bienes, se les imponían, con frecuencia, multas tan elevadas que la confiscación total no hubiese sido mucho peor. La persecución se extendió más en los últimos años del siglo XVI. Por fin, en agosto de 1559, Felipe III publicó un edicto dando una última oportunidad de confesión voluntaria a los moriscos errantes de Valencia. El completo fracaso de este edicto señaló el destino de los moriscos en España. El rey y sus consejeros, en abril de 1609, se decidieron en favor de la expulsión. Dando por supuesto que esta expulsión en gran escala debía realizarse de manera absoluta, las condiciones eran realmente benignas —se permitía a los desterrados sacar con ellos todos los bienes materiales que pudiesen llevar, proporcionándoles barcos para su transporte a África—. La expulsión no fue general, y no afectó a los que se habían comportado como buenos cristianos durante dos años y a los que habían sido admitidos a la Comunión, así como a las esposas moras de cristianos viejos y sus hijos. Hacia 1615 la deportación de los habitantes moriscos de todas partes de España se había completado virtualmente. Su salida fue un gran desastre económico y privó al país de sus trabajadores más hábiles, laboriosos y bien disciplinados; sin embargo, los españoles lanzaron un suspiro de alivio cuando partieron. Una vez más se había demostrado plenamente la incompatibilidad de la cristiandad española con cualquiera de sus desviaciones.

Mientras la expulsión de los moriscos resolvió automáticamente el problema de los conversos tibios del Islam al cristianismo, cuando hacía cerca de 130 años que existía la Inquisición, el problema del judío converso y hereje duró casi tanto tiempo como la Inquisición. A principios del siglo XVI el Supremo siguió la política de diseminar entre los cristianos viejos a los marranos que se habían convertido antes de 1492, año de la expulsión de los judíos, y reunió a los que se habían convertido desde entonces, en ciudades donde pudiesen estar bajo vigilancia, separados de sus propios rabinos y obligados a cumplir perfectamente sus obligaciones religiosas. Así como los Inquisidores estaban al acecho para descubrir la prueba más trivial de reincidencia al mahometismo, así también estaban atentos a cualquier síntoma parecido de reincidencia al judaísmo, como cambiarse de ropa y ponerse vestidos limpios el sábado, dar a un niño un nombre hebreo, comer carne durante la cuaresma, ayunar el día de la expiación del judío y comer pan sin levadura. La hostilidad hacia los hebreos por parte de los viejos cristianos facilitaba todavía un buen número de informadores que permitían que la Inquisición llevara al delincuente a la justicia. En 1531 Erasmo habla de España considerándola tan poblada de judíos como Alemania de ladrones; pero a la sazón se les inducía mediante una sistemática persuasión al abandono de las prácticas de su antiguo credo, incluso las más secretas. En la segunda mitad del siglo XVI hubo una gran mengua en el número de casos llevados a los tribunales. Parecía como si en realidad el judaísmo hubiese sido suprimido por completo en España.

En el año de 1580, Felipe II conquistó Portugal, y como resultado se inició una nueva fase en la historia de la Inquisición española y de los judíos. A consecuencia de la relación dinástica establecida entonces entre los dos países ibéricos, un gran número de astutos comerciantes de raza judía abandonaron Portugal para establecerse en un reino más rico. Muchos de éstos eran judaizantes secretos. Cuando en 1492 los judíos fueron expulsados de España, 90 000 de ellos habían encontrado refugio a través del Tajo, admitidos temporalmente por Juan II mediante una elevada capacitación. Bajo el reinado de su sucesor, muchos judíos creyeron conveniente convertirse al cristianismo, en tanto que numerosos niños judíos recibían el bautismo forzoso. Los primeros años del siglo XVI fueron de una gran miseria en Portugal. Las malas cosechas trajeron el hambre y a ésta siguió la peste. El odio y la credulidad encontraron una explicación de aquellos desastres en los judíos, y en 1506 la muchedumbre de Lisboa perpetró una horrible matanza de ellos, en la que perecieron unos 2 000. Tras este atropello hubo una reacción compasiva, pero el siguiente soberano, Juan III, fue un fanático enemigo de la raza hebrea y ambicionaba para su país una Inquisición según el modelo español. Después de considerables plazos, obtuvo el necesario breve papal en 1536. Pero al principio, la libertad de acción de la nueva institución estaba muy restringida, y hasta 1547 no se suprimieron tales trabas. Cuando fue conquistado Portugal en 1580, las dos inquisiciones no se fusionaron, pero los tribunales portugueses, que ya funcionaban plenamente, fueron incitados a una mayor energía. El perfeccionamiento de la persecución de los hebreos, que había sido llevada a cabo en el reino más pequeño, fue otro aliciente para que emigrasen a España comerciantes judíos. Era cierto que allí había también una Inquisición, pero desde hacía algún tiempo no había molestado mucho a los judíos; además, los recién llegados eran menos conocidos que en el país que habían dejado.

En 1604 los nuevos cristianos portugueses lograron hacer un trato con Felipe III. A cambio del pago de una suma muy grande obtuvieron condiciones especiales, que fueron sancionadas en agosto por un breve papal. Los residentes en Europa que entraron en los nueve meses siguientes, y los de fuera de Europa que lo hicieron dentro de dos años, podían ser conciliados mediante la sola imposición de penas espirituales. Pero la tan mercadeada inmunidad no fue permanente, y hubo un recrudecimiento de persecución en Portugal, al comenzar el reinado de Felipe IV. A esto siguió una nueva y grande afluencia de judíos a Castilla. El rigor de los tribunales portugueses en esta época parece haber sido tal que la emigración a España daba una perspectiva de mayor seguridad. Pero también en 1632 se achaca la decadencia de Portugal —que de hecho era debida, en gran parte, a la conquista española—, a la influencia corruptora de los judíos que de modo singular minaban el carácter nacional y ejercían una acción perniciosa en la industria del país, especialmente en su agricultura. Había fanáticos que creían que la raza judía era incorregible, y que como llevaba en la sangre la hostilidad hacia el cristianismo, los judíos conversos no podían ser sinceros y constituían un solapado peligro para la fe de los verdaderos cristianos. La persecución de los conversos continuó con ferocidad durante el siglo XVIII y casi todas las víctimas fueron portugueses que habían emigrado a España en distintas fechas desde 1580.

Sin embargo, uno de los ataques más violentos se dirigió contra los judíos nacidos en España. Ésta fue la gran persecución de Mallorca de los años de 1678 a 1691. El tribunal de esta isla había estado singularmente inactivo por espacio de unos 150 años y, en consecuencia, la población judía, en su mayor parte, había vivido sin ser molestada; pero en 1678 un Inquisidor descubrió una congregación de judíos en un jardín en las afueras de Palma. Llegó a la conclusión de que esto era una reunión para el culto de la sinagoga, y la Inquisición brotó de nuevo. Las persecuciones que siguieron son notables por el hecho de que no hubo quemas —desde el momento en que las confesiones eran espontáneas—, sino grandes confiscaciones de bienes. En 1691, sin embargo, treinta y siete judíos que habían reincidido desde su reconciliación en 1679, fueron ejecutados: tres quemados vivos y los restantes estrangulados antes de entregar sus cuerpos a las llamas.

Después de esto el tribunal mallorquín volvió a la tranquilidad. Pero en Castilla, en donde se había establecido la gran mayoría de judíos portugueses, y también en Andalucía, continuaron las persecuciones contra el judaísmo, y la mayoría de los casos llevados ante los tribunales eran acusaciones de este delito. La preponderancia de la Inquisición es muy señalada en la segunda década del siglo XVIII, cuando el judaísmo ocupaba prácticamente toda su atención. Al mismo tiempo que estaban siendo acosados los judíos dentro del país, el gobierno se esforzaba aún más en impedir que entrasen. Es digno de notar que la cláusula X del Tratado de Utrecht (1713), en que España entregó Gibraltar a Gran Bretaña, contenía la estipulación "de que no se dará ningún permiso, bajo pretexto alguno, a judíos o moros para residir o tener su domicilio en la citada ciudad de Gibraltar". El resultado combinado de la celosa persecución de conversos, que revelasen cualquier signo de ininterrumpida fidelidad a la religión de Jehová, y la expulsión de las personas de raza judía fue, desde el punto de vista de la Inquisición, muy satisfactorio. El judaísmo actuaba en secreto y sólo mediante las más cuidadosas precauciones pudo continuar existiendo aun en menor escala y en forma más atenuada; pero nunca fue desarraigado, y a principios del siglo XIX la Inquisición todavía tenía que intervenir en algunos casos aislados.

VI

PROTESTANTES

La persecución de los protestantes ocupa mucho lugar en las versiones populares sobre la Inquisición española, algunas de las cuales son poco más que un relato de los juicios de luteranos y unas pocas anécdotas pintorescas acerca de Escobedo y Pérez, y, muy fuera de lugar, acerca del infeliz demente don Carlos, hijo de Felipe II. La preocupación por el episodio del luteranismo español se encuentra tanto en obras de marcada tendencia protestante como en otras escritas por católicos apologistas del Santo Oficio. Los primeros centran su atención en aquél hasta el punto de excluir virtualmente la historia de los moriscos y judíos porque no les interesa; los segundos lo hacen porque quizás sea más fácil defender la actitud de la Inquisición hacia los luteranos que hacia la mayor parte de sus numerosas víctimas. Esta limitación es engañosa, pues el episodio del protestantismo español constituye un capítulo breve y de importancia relativamente escasa en la historia de la institución. Los judíos padecieron la intolerancia española durante más de tres siglos, y muchos miles fueron víctimas de ella; en cambio, el movimiento luterano en España fue eliminado virtualmente en treinta o cuarenta años con el sacrificio de unos pocos centenares de vidas. Pero aunque es esencial recordar cuán pequeño fue el número de los protestantes aprehendidos por la Inquisición, la historia de los luteranos españoles tiene de por sí un gran interés.

La primera medida tomada para evitar la propagación de las doctrinas luteranas en la Península fue la orden publicada en abril de 1521 por Adriano de Utrecht, entonces Inquisidor general, en la que se ordenaba el decomiso de los libros luteranos, en los que aún no se aludía al oscurantismo. Al principio, Erasmo tuvo muchos admiradores en España, como Manrique, Inquisidor general sucesor de Adriano, y Fonseca, Arzobispo de Toledo. Sin embargo, diez años más tarde los devotos de Erasmo se encontraron en peligro. Aunque atraía fuertemente a los hombres de ciencia, Erasmo era combatido por los numerosísimos monjes y frailes de escasa inteligencia a quienes ridiculizó en su *Elogio de la locura*. Su burla y sus críticas podían, con razón, provocar resentimiento en España, donde el tipo medio de celo y pureza de vida entre el clero tanto regular como secular, era mucho más elevado que en Alemania o Italia, mayormente como resultado de las notables reformas llevadas a cabo por dos Inquisidores generales, Jiménez y Adriano. Los españoles que se oponían a Erasmo consideraban también heterodoxo en la doctrina al brillante autor flamenco y pidieron la condenación de algunas de sus opiniones. Con la muerte de Fonseca éstas tendieron a alcanzar preponderancia. Juan de Vergara, amigo de Jiménez y de Fonseca, profesor de Filosofía de la Universidad de Alcalá, uno de los más prominentes partidarios de Erasmo en España, fue llevado a la Inquisición bajo el cargo de ser defensor de los herejes. Se alegaba que poseía libros luteranos y que sostenía ciertos credos de la misma doctrina. Después de un juicio muy largo tuvo que abjurar *de vehementi*. Otro erasmista, un abad benedicto llamado Virués, a pesar de la intervención de Carlos V, de quien era predicador favorito, se consumió durante cuatro años en la cárcel antes de que la Inquisición, al fin, decidiese que él también era sospechoso de luteranismo. Es digno de notarse que ni Vergara ni Virués se sintieron perjudicados en su carrera posterior por la humillación de haber hecho abjuración pública, y el último, en efecto, llegó a ser Obispo. En realidad, eran simplemente hombres cultos cuya erudición les hacía simpatizar con Erasmo y, sin duda alguna, no eran adeptos de Lutero.

Algunos de los más ilustres españoles que verdaderamente eran luteranos vivían fuera de la Península y, por tanto, no figuraron en ningún *auto de fe*, excepto, posiblemente, en efigie. Tales fueron Francisco de Enzinas, más conocido como *Dryanger*, que abandonó España antes de abrazar las ideas de la Reforma. Todavía más notable fue Juan de Valdés, amigo de Pietro Bermigli y Bernardino

Ochino, los principales reformistas de Italia, quien pasó los últimos años de su vida en Nápoles. También puede mencionarse a Juan Pérez de Pineda, que fue pastor en Ginebra y en Blois; Juan Díaz, que ayudó a Bucero en el segundo coloquio de Ratisbona, en 1546, y Antonio del Corro, que al mismo tiempo fue predicador de los españoles protestantes en Londres y profesor de teología en Oxford.

El protestantismo en España se concentró en las dos comunidades de Sevilla y Valladolid. Excepto en estas dos ciudades y sus alrededores, tenía poca importancia, aunque el primer reformista español notable que fue llevado a la hoguera, lo mismo que Enzinas, era natural de Burgos. Éste fue Francisco de San Román, que adoptó los credos protestantes como resultado de una visita casual a una iglesia luterana de Amberes. Se convirtió en un fanático desenfrenado y desechó todas las precauciones. Fue encarcelado como hereje en Ratisbona por orden de Carlos V y después enviado a España, donde pereció en el *brasero*; la multitud demostró su odio hacia el cismático luterano clavándole sus espadas.

El fundador de la comunidad de Sevilla fue el erudito Juan Gil, conocido como Egidio, convertido a las doctrinas reformistas por un tal Rodrigo de Valer, hombre de buena y rica familia, de quien se dice que predicó herejías y prorrumpió en la vía pública, en invectivas contra los males de la Iglesia, pero que había sido tratado de manera benévola por la Inquisición, que lo consideraba loco. Gil era un predicador muy popular y fue designado Obispo por Carlos V; pero se descubrió que algunos de sus sermones, en la catedral, contenían manifestaciones nocivas relativas a doctrinas tan vitales como las de la salvación mediante buenas obras, la invocación de los santos y el purgatorio. Después del proceso que duró más de dos años, fue sentenciado en agosto de 1552 a abjurar diez declaraciones heréticas que él admitía como suyas. Fue confinado al castillo de Triana por un año y le condenaron a varias penas menores e incapacidades. Considerando la naturaleza de los errores que confesó, fue tratado con gran moderación. Cuatro años después de su muerte se examinó más severamente su delito y sus huesos fueron exhumados y quemados.

Hasta poco después de la muerte de Egidio, las autoridades eclesiásticas no empezaron a estar seriamente preocupadas por la expansión del protestantismo en España. Hasta este momento habían sido llevados ante la Inquisición menos de cien casos en total y en su gran mayoría los implicados eran extranjeros. Parecía que no valía la pena ocuparse del protestantismo entre los naturales del país. Pero inmediatamente después de la muerte de Egidio empezaron a abrigarse sospechas relativas a la ortodoxia del hombre que le sucedió en la canonjía vacante de la catedral de Sevilla, llamado Constantino Ponce de la Fuente, antiguo capellán y predicador de Carlos V. Durante un registro verificado en casa de cierta viuda llamada Isabel Martínez, se descubrieron, junto con un depósito de libros de Calvino, manuscritos de sus trabajos en los que se describía el purgatorio como un espantajo inventado por los monjes para llenar sus estómagos. Se descubrió también en esa época, que entraban en Sevilla, así como en Valladolid, obras de propaganda protestante editadas en Ginebra y Amberes, algunas de ellas de Pérez de Pineda. Fueron llevadas a España por Julianillo Hernández, reformador muy intrépido, que disfrazado de arriero las pasó de contrabando en fardos de mercaderías.

La pequeña comunidad de protestantes en Sevilla tenía como dirigente a Ponce de la Fuente y a un hombre de posición llamado Juan Ponce de León, y los oficios se celebraban en casa de éste. Ponce de León fue confinado por dos años; como no creía que a un hombre de su linaje le fuera a suceder nada más grave, se quedó asombrado al saber que iba a ser quemado. Se retractó, y aunque esto no le salvó del *brasero*, exhortó al arrepentimiento a los otros dieciséis luteranos que fueron relajados en el gran *auto* de 24 de septiembre de 1559, que trajo miles de personas a la ciudad. Veintiún acusados de protestantismo hicieron también abjuración formal o fueron reconciliados.

En un *auto* posterior, de 22 de diciembre de 1560,

hubo catorce relajaciones en persona y tres en efigie: la de Egidio, la de Constantino de la Fuente (que había muerto en prisión), y la de Juan Pérez de Pineda, que no estaba al alcance de la Inquisición. El más inmutable de los que sufrieron el castigo en este *auto* fue Hernández, quien rehusó traicionar a sus cómplices, a pesar de las más espantosas torturas, y que dijo a los frailes que le rodeaban exhortándole al arrepentimiento que, de corazón, ellos creían lo mismo que él, pero que por miedo a la Inquisición no se atrevían a manifestarlo. Entre las otras personas relajadas había dos ingleses llamados Brooks y Burton, respectivamente. Este último era capitán de barco. Todas las mercancías que estaban a bordo fueron decomisadas, y cuando se envió a otro inglés llamado Frampton, para que intentase recuperar los bienes confiscados, no sólo fracasó en su misión, sino que cayó en manos de la Inquisición. A consecuencia de la fuerte tortura prometió abrazar el catolicismo romano. Fue encarcelado por un año y se le ordenó que nunca saliese de España.[9]

En Sevilla, en 1562, se celebraron otros dos *autos*, y en cada uno de ellos fueron relajados en persona nueve luteranos. En el segundo *auto* compareció la tripulación de un buque mercante extranjero, y tres de sus componentes fueron quemados. Los *autos* posteriores, en 1564 y 1565 presentan un número muy reducido de reos, casi todos extranjeros. En uno de tales *autos* los seis reos relajados eran flamencos. No cabe duda de que la pequeña congregación de protestantes en el sur de España estaba casi completamente destruida.

Conjuntamente con la persecución de los luteranos de Sevilla se procedió a un exterminio análogo del pequeño grupo del norte de España, cuyo centro era Valladolid. El fundador de esta rama fue un italiano, llamado De Seso, que llegó a España con un cierto número de libros heréticos y dispuesto a propagar en el país las doctrinas reformadoras. Primero hizo conversiones en Logroño, en

[9] La historia de Frampton se cuenta en los *Annals of the Reformation*, de Strype (1824), vol. i, p. 357.

Navarra, y después en Valladolid y sus alrededores. Entre los más prominentes de ellos estaban Antonio de Herrezuelo, un predicador favorito de Carlos V llamado Agustín de Cazalla, su hermano Pedro, un cura párroco, y el sacristán de este último, Juan Sánchez. Otro de los que se convirtieron fue un fraile dominico llamado Domingo de Rojas, quien convenció a otros dos miembros de su noble familia, Pedro Sarmiento y Luis de Rojas. Es probable que este grupo de reformadores del norte no excediese de cincuenta o sesenta; estaban muy disgregados y no tenían organización.

Alguna conversación indiscreta por parte de uno de los conversos hizo que se descubriese la comunidad, si se puede describir como tal a este conjunto de protestantes diseminados, y en la primavera de 1558 se hicieron dos denuncias a la Inquisición. Sánchez, Domingo de Rojas y el mismo De Seso, al ser avisados, intentaron la fuga. Sánchez logró escapar, pero fue atrapado al año siguiente. Domingo de Rojas y De Seso llegaron a Pamplona; cuando ya casi se encontraban a salvo a través de los Pirineos, fueron reconocidos.

El domingo 21 de mayo de 1559, día de la Trinidad, tuvo lugar un gran *auto de fe* en Valladolid, en el que se castigó a los dos Cazallas y a Herrezuelo. Agustín Cazalla se había retractado y, como Ponce de León en Sevilla, se horrorizó cuando supo que iba a morir. Sin embargo, tal noticia no afectó su odio al protestantismo, que ruidosamente expresaba ahora, ni su veneración por el Santo Oficio, y camino del *brasero* hizo cuanto pudo para inducir al arrepentimiento al firme Herrezuelo. En vista de su retractación, Cazalla fue agarrotado antes de ser llevado a la pira. El único reo que en este *auto* se mantuvo firme en sus creencias, y que fue quemado vivo, fue Herrezuelo, que soportó con entereza sus sufrimientos hasta la agonía final. Amordazado para que no pudiese proferir palabras heréticas camino de la hoguera, fue apedreado por uno de los espectadores y un soldado le dio una puñalada. No vaciló durante toda la dura prueba. Su joven esposa se retractó, siendo condenada a prisión perpetua. Después de pasar siete años encerrada, retiró su retractación y fue quemada vida en septiembre de 1568 como hereje relapsa. Los reformadores de Valladolid solían celebrar oficios en casa de la madre de Cazalla, Leonor de Vivero. Ella había muerto antes del *auto* de 21 de mayo de 1559, pero sus restos fueron exhumados y quemados, y su casa demolida. Nadie podía edificar de nuevo en el lugar que las reuniones protestantes habían profanado. Eso estaba de acuerdo con la práctica medieval, pero no hay nuevos ejemplos de que la regla fuese observada por la Inquisición española. La propiedad era demasiado valiosa para ser destruida incontinenti.

El resto de los protestantes de Valladolid figuraron en un segundo *auto de fe* celebrado en aquella ciudad el 8 de octubre de 1559. Fue un acontecimiento todavía mayor que los anteriores, y se vio honrado con la presencia de Felipe II, al mismo tiempo que había, según se dice, no menos de 200 000 espectadores. De los veintiséis reformadores, sólo dos —De Seso y Juan Sánchez— fueron quemados vivos. De Seso había sido tan cruelmente torturado que apenas podía tenerse en pie para oír su sentencia. Domingo de Rojas y Pedro de Cazalla expresaron contrición en el *quemadero* y fueron estrangulados antes de entregar sus cuerpos a la hoguera. Se cuenta la anécdota muy conocida de que cuando De Seso pasaba delante del rey y le preguntó cómo podía autorizar tales horrores, éste contestó: "Yo mismo traería la leña para quemar a mi propio hijo si fuese tan perverso como vos."

El juicio, quizás el más interesante, bajo cargo de luteranismo en la historia de la Inquisición española, es el del Arzobispo Carranza, que hemos examinado con anterioridad. No sería completa una consideración acerca del trato que la Inquisición dio al protestantismo en el siglo XVI sin un examen del problema de si hubo alguna justificación para el proceso seguido contra Carranza, o si se debió enteramente a los celos de Valdés. La presunción, *prima facie*, es contra uno de los más altos dignatarios de la Iglesia de España que abraza la herejía de los alemanes. Resulta perfectamente claro que nadie tuvo nunca menos deseos que él de desafiar la autoridad de la Iglesia. Si pecó contra la Inquisición no fue de modo intencionado.

Por otro lado, es cierto que en su lenguaje y en sus escritos hubo manifestaciones que podían ofender una crítica imparcial. Se ha señalado el hecho de que las enérgicas medidas de Carranza contra la herejía en Inglaterra le hicieron familiarizarse indebidamente con las opiniones erróneas y ser responsable de impregnarse de ellas, tal vez inconscientemente. En 1530, mucho antes de que alcanzase el cardenalato, fue denunciado a la Inquisición como partidario de Erasmo. Hombre de vida ejemplar, nobles aspiraciones y generosos sentimientos, fue un pensador tan confuso y falto de criterio, como fecundo escritor. Su celo por la Reforma, junto con sus opiniones bastante mal ordenadas, y el no hallarse suficientemente preparado para distinguir las complicaciones posibles, hizo que se descubriesen en sus razonadas publicaciones algunas ideas afines al luteranismo, haciendo que pareciese plausible no sólo la acusación lanzada por sus adversarios, sino dando una auténtica causa de perturbación a los rigurosos ortodoxos. Se atribuyó a Carranza la afirmación de "que Cristo satisfizo tan eficaz y plenamente por nuestros pecados que ya no se exige de nosotros ninguna otra satisfacción; que sólo la fe, sin las obras, basta para la salvación; que todas las obras hechas sin caridad eran pecados y ofenden a Dios; que la razón natural es contraria a la fe en cosas de religión".[10] Tales opiniones, que fueron descubiertas en los *Comentarios sobre el catecismo cristiano*, de Carranza, probablemente iban a descarriar al creyente y a ser bien recibidas por el incrédulo. Bajo tortura, Domingo de Rojas admitió la influencia ejercida por aquella obra entre los protestantes de Valladolid, y Agustín de Cazalla excusó sus propios errores basándose en que Carranza mantenía opiniones análogas. ¿No era natural que se ocasionasen perturbaciones puesto que los luteranos de Valladolid podían encontrar apoyo para

[10] El texto castellano lo hemos tomado de Menéndez y Pelayo, *Historia de los heterodoxos españoles* (edic. Buenos Aires, 1945). Vol. v, pp. 74 y 75 [T.]

sus herejías en las obras del mismo Arzobispo de Toledo?
¿Cómo podía protegerse al país si la herejía en los altos
puestos no se reprobaba? Y esto no es todo, pero a pesar
de que concurren varias circunstancias adversas en el caso
Carranza, su proceso no hubiese tenido lugar de no haber
existido medios plausibles para crearlo.

Después de 1565, el protestantismo nacional en España
se había extinguido prácticamente. En los siglos siguientes
los casos entre gente del país son un factor al que no se
necesitaba prestar mucha atención, a pesar de que los extranjeros eran llevados con frecuencia ante los tribunales.
Realmente, todos los extranjeros, especialmente los que
procedían de países protestantes, podían ser considerados
sospechosos, y los navegantes y mercaderes corrían verdadero peligro de caer en manos de la Inquisición. Algunas
veces los súbditos de soberanos herejes estaban protegidos
por tratados. Así en el Tratado de Londres (1604), nego-
ciado entre Jacobo I de Inglaterra y Felipe III de España,
hay un artículo que estipula que los súbditos del Rey de
Inglaterra "no serán molestados en tierra ni en mar por
cuestiones de conciencia, dentro de los dominios del Rey de
España, si no dan lugar a escándalo público". Se estimaba
escándalo público faltar a la reverencia ante el altar dentro
de una iglesia o no hincar la rodilla al paso del Santísimo
Sacramento. Parecidos privilegios obtuvieron los holandeses en 1609. La guerra que estalló en 1624, entre Inglaterra y España, puso fin automáticamente a esta inmunidad,
pero se restableció al firmarse la paz en 1630. El Supremo
cuidaba bien de subrayar que consideraba estos privilegios
como exclusivos únicamente para los visitantes y transeún-
tes, y que los extranjeros domiciliados en el país estaban
sujetos a la jurisdicción del Santo Oficio igual que los
españoles. Es sabido que las negociaciones para una alianza
angloespañola llevados a cabo entre Cromwell y Cárdenas,
embajador de España en 1654, se rompieron porque el Protector, no satisfecho con las concesiones de 1604 y 1630,
insistió en la libertad de conciencia de los ingleses en España, en el derecho de practicar su propio culto en los
domicilios particulares, así como en el de la libertad de

comercio en las Indias españolas, demandas que Cárdenas, en su famosa frase, definió como pedir los dos ojos de su señor. Cuando Felipe III informó al Supremo en relación a la primera de estas dos proposiciones, en el sentido de que antes arriesgaría su reino y derramaría su sangre hasta la última gota que hacer cualquier acto que perjudicase la pureza de la fe, el Supremo declaró que estas palabras debían rememorarse perpetuamente en bronce. Los subsecuentes tratados entre Inglaterra y España —de 1667, 1713, 1763 y 1783—, contenían las mismas estipulaciones que los de 1604 y 1630. Las minorías protestantes en países católicos —como los hugonotes franceses—, no estaban protegidas por el tratado. A pesar de estos tratados —y su alcance, como hemos visto, era limitado—, siempre hubo algunos protestantes extranjeros expuestos a ser denunciados ante la Inquisición.[11]

Sin embargo, la importancia del protestantismo en la historia de España se limita, en realidad, al siglo xvi. El luteranismo apareció en un momento en que la Inquisición parecía haber cumplido su propósito original. El peligro derivado de moros y marranos había sido drásticamente eliminado; la inmigración de judíos portugueses, que avivó la persecución del judaísmo, no había empezado todavía; y el Santo Oficio podía haberse agotado por inanición. Valdés aprovechó la oportunidad para dar nuevos bríos a la institución que él presidía. No cabe duda de que el peligro luterano ejercía un efecto estimulante sobre la Inquisición. Los protestantes eran odiados por la gran mayoría de la población y la Inquisición se aprovechó plenamente de esta hostilidad. Se alegó que había un grave peligro de que el virus de la herejía teutónica se propagara en la Península. En estas circunstancias el Santo Oficio recibió apoyo leal y entusiasta de todas las clases sociales, empezando por el monarca. Carlos V, cuya experiencia en Alemania le llevó a considerar a los herejes como rebeldes, los calificó

---

11 En algunas ocasiones, casos como el de Arrowsmith, en el siglo xvi o el de Isaac Martin en el xviii, fueron especialmente notorios y levantaron gran indignación en Inglaterra.

de "sediciosos, escandalosos, violadores de la paz, perturbadores del Estado". Desde su retiro en el monasterio de Yuste, instigó encarecidamente a Felipe para que castigase a los herejes con toda prontitud, severidad y sin consideraciones personales. Felipe II no necesitaba que lo instigaran. Su mentalidad pausada, fanática y consciente, pronto se convenció del deber y la necesidad de perseguir a los herejes con implacable religiosidad. Sentía un odio absolutamente sincero a la idea de ser gobernante de súbditos herejes. Balmes, autor de *El protestantismo comparado con el catolicismo*, honra a Felipe como mantenedor de la tranquilidad del pueblo español, y de la seguridad de la monarquía española, por su apoyo decidido a la Inquisición, la cual, según algunos fanáticos coetáneos, salvó a España de devastadoras guerras religiosas que afligieron a otros países. Mediante sus beneficiosas cauterizaciones, la Inquisición destruyó el cáncer que había invadido el sano cuerpo de la nación; como una muralla de fuego, preservó al país de la penetración de aquella plaga irreligiosa que había anonadado a Alemania.

Estas son expresiones hiperbólicas, por inconsciente que sea el autor de tales exageraciones. España nunca estuvo en grave peligro de contagio luterano. Aunque no hubiese existido en absoluto la Inquisición, parece improbable que el movimiento protestante hubiese podido hacer ningún progreso apreciable al sur de los Pirineos; en parte debido al movimiento de reforma entre el clero español, y en parte porque la población, principalmente como resultado de su odio a los moros y judíos, sentía una intensa repugnancia por todas las formas de la herejía.

El principal significado del episodio luterano en España es que aumentó los recelos que se tenían por todo lo extranjero, el temor de que el peligro podía esconderse en cualquier idea nueva o atrevida. Carranza culpó al advenimiento del protestantismo de las restricciones que se impusieron a la lectura de las Escrituras en lengua vulgar; no había tal restricción, decía, "antes de que las herejías del maldito Lutero viniesen del infierno a la luz del día". Y, en efecto, el interés de la Inquisición en la censura de libros data de la alarma luterana. Pero culpar a Lutero de la censura de la imprenta fue tan absurdo como característico de la mentalidad del Inquisidor. El abuso ocasional de la libertad no debe justificar su permanente represión.

VII

MÍSTICOS

El campo espiritual de España no era apropiado para el desarrollo del protestantismo, pero hay ciertas aberraciones del misticismo que se asemejan a aquél, y el misticismo fue una consecuencia natural del fervor religioso en España. Mientras que el misticismo se había considerado perfectamente compatible con la más estricta ortodoxia, puesto que muchos de los grandes místicos figuran en el santoral de la Iglesia católica, no ocurrió lo mismo cuando apareció la inherente tendencia a realizar extravagancias, tanto en el pensamiento como en el proceder. Los problemas derivados de esta inclinación proporcionaron a la Inquisición española una gran variedad de casos, muchos de ellos difíciles, presentados durante la mayor parte de su existencia. La delimitación entre el misticismo ortodoxo y el herético es confusa y difícil de definir, y no es sorprendente que los más grandes místicos españoles, incluso los que murieron en olor de santidad, como algunos que han sido beatificados y aun canonizados, fuesen, en un momento u otro, considerados sospechosos de herejía, y en determinados casos, procesados por el Santo Oficio.

El concepto del misticismo es el de que el alma, al renunciar a sí misma, al abstraerse de las cosas mundanas y mediante una contemplación absorta de la Divinidad, entra en una aprehensión espiritual de las verdades divinas que se hallan tras los poderes del entendimiento. La idea no es privativa, en ningún modo, del cristianismo, puesto que en el hinduísmo es donde está más arraigada. Donde quiera que se encuentra, se deriva de la convicción de que el misterio de la naturaleza divina es tal que la inteligencia humana no puede, sin ayuda, lograr su conocimiento, pero que Dios puede conceder a los que le anhelan una capacidad de comprensión independiente de la razón. Lo que se requiere para que el espíritu de Dios afluya al corazón humano es sinceridad para recibirlo; y esta sinceridad vendrá si hay un intenso deseo de Él. Para los místicos cristianos no hay virtud comparable al amor. El amor de Dios, si es una auténtica pasión y no un mero sentimiento, sólo puede, igual que el amor humano, encontrar satisfacción en la unión con el Amado, y los que sinceramente buscan esta comunión encontrarán al fin, en cierto modo, su realización.

Ciertas doctrinas fundamentales de la religión cristiana son esencialmente místicas: la encarnación, la iluminación del Espíritu Santo, la comunión por medio de los sacramentos. Pero en todas las épocas de la Iglesia existen místicos que han encontrado reprobación. Una cosa es el misticismo del autor del Cuarto Evangelio, y el de San Pablo, y otro el de los gnósticos. En la Edad Media se aprobó el misticismo de Hugo de San Víctor, de San Francisco, de Buenaventura, de Joaquín de Flora y aun el de Juan Tauler; pero el de Amaury de Béne y el del Maestro Eckhart, maestro de Tauler, fue condenado. Amaury decía que el alma llena de la divina iluminación del Espíritu Santo, aun cometiendo pecados, es intachable, mientras que Eckhart, proclamando la doctrina panteísta de la común divinidad de Dios y el hombre, afirmaba que a los ojos de Dios no hay diferencia entre el bien y el mal. Estas ideas panteístas y contrarias a la ley fueron condenadas por la Iglesia, y los begardos, así como también otros discípulos del evangelio iluminista, fueron perseguidos como herejes.

La experiencia mística es esencialmente personal; significa contacto directo entre el alma del individuo y Dios. No es de extrañar, por tanto, que algunos místicos se burlasen de las funciones de los sacerdotes como mediadores entre el hombre y Dios. El cumplimiento de los preceptos de la Iglesia, dice Juan de la Cruz —uno de los más grandes místicos y poetas españoles—, y el utilizar imágenes y aun los lugares de culto, están sólo destinados a los iniciados. Estas cosas pueden compararse a los juguetes de los niños. Los que han penetrado en la vida religiosa no necesitan de ellas. Estas doctrinas explican la insistencia de los protestantes sobre el carácter íntimo de la religión, sobre la necesidad de salvación por la fe, y sobre la escasa importancia de las formas y las ceremonias.[12] Algunos de los místicos españoles se acercaron mucho al luteranismo. Los Inquisidores reconocieron tres tipos de místicos que debían ser estimados como herejes. Éstos fueron, primero los *alumbrados* o iluminados, que se inspiraban en la suprema eficacia de la luz interior y que despreciaban a la autoridad eclesiástica y a la instrucción sacerdotal. En segundo lugar, se encontraban los *dejados* o quietistas, quienes aniquilándose en su entrega a Dios, permitían cualquier idea e impulso que se les presentase durante sus trances o meditaciones. Finalmente, estaban los *impostores* que se aprovechaban de la impía simulación de santidad mística y los dones espirituales, engañando a los crédulos.

Es evidente que los éxtasis visionarios y la exagerada humillación, que acompañan a ciertos tipos de misticismo, atraían tan fuertemente al español piadoso como las austeridades y torturas del yoga al creyente hindú. La idea mística es romántica; y España es el país del romanticismo. Su literatura está llena de ideas caballerescas, de la busca de un ideal sobrehumano, de la redención del pecador por una gran devoción a la Virgen y de temas análogos. Hay algo muy admirable y bello en la concepción de la vida religiosa semiheroica, semiascética. Pero este romanticismo puede, en algunas ocasiones, degenerar en simple sentimentalismo. A veces aparece un tipo de humillación todavía peor, mórbido, insano, patológico. Las extravagancias a que podía llegar el *dejamiento* son bien conocidas por la historia, narrada por Southey en sus *Letters from Spain and Portugal*, acerca de la vida de Doña María Luisa de Carvajal y Mendoza, quien después de una terrible educación, durante la cual era golpeada constantemente con un látigo de cuerda, se sometió con completa resignación a las humillaciones y barbaridades infligidas contra ella, y obtuvo gran celebridad por sus prácticas de dormir sobre tablas, de llevar una manta de caballo directamente sobre la

[12] P. Sáinz Rodríguez, en su *Introducción a la historia de la literatura mística en España* (Madrid, 1927), divide los místicos heterodoxos en tres clases: protestantes, panteístas y quietistas.

piel, brazaletes de cerdas, una cruz de madera llena de clavos sobre el pecho, y otra, que se asemejaba a un raspador, entre los hombros. No se trataba ya del placer y la admiración por los tormentos autoinfligidos, sino, más que eso, de una mera depravación sexual, derivada de una mística antinomia, o quizás, con más frecuencia, hipócritamente atribuida a ese origen por los que se entregaban a tales autocastigos.

Algunas de las anormalidades del misticismo, cuando llegaban a conocimiento del Inquisidor, no presentaban dificultades cuando, por ejemplo, sus resultados eran corrupción manifiesta o cuando se exponía la doctrina de que si aparecía algún pensamiento impío durante las plegarias o la abstracción mística, debía ser puesto en ejecución inmediatamente. Pero aun los místicos más virtuosos y santos podían ser colocados bajo sospecha, y la Inquisición no siempre encontró fácil decidir el límite entre lo inofensivo y lo peligroso. Incluso Santa Teresa, la más grande y amable de todos los místicos españoles, aunque había escasa doctrina en su fe visionaria, ascética y aun práctica, estuvo en algún momento en peligro de ser perseguida, y cuando, en 1517, apareció su autobiografía espiritual, fue denunciada a la Inquisición, que tardó diez años en decidir si su lectura era conveniente para el creyente. Su obra *Conceptos del Amor Divino* estuvo en el Índice. Juan de Ávila, el apóstol de Andalucía, gran predicador, fue conducido ante la Inquisición en 1534. Pero Manrique intervino y se le concedió un desagravio triunfal, dándosele la bienvenida al son de trompetas cuando reapareció en el púlpito. Juan de la Cruz fue denunciado más de una vez como *alumbrado* ante los tribunales de Valladolid, Toledo y Sevilla. La obra de Fray Luis de Granada, *Guía de pecadores*, una de las clásicas del misticismo español, estuvo en el Índice, aunque esta prohibición fue pronto levantada. Luis de León, a quien podremos referirnos más adecuadamente en otra ocasión, famoso místico y humanista, tuvo que justificarse ante el Santo Oficio. Algunos de los primeros jesuitas, entre ellos Ignacio de Loyola, fueros sospechosos de iluminismo. Unos cuantos dominicos

—especialmente Melchor Cano y otro llamado Alonso de la Fuente—, enemigos de la nueva Compañía de Jesús, aseguraban que sus componentes eran *alumbrados*. Alonso de la Fuente, a consecuencia de prolongadas investigaciones que llevó a cabo por su cuenta entre 1570 y 1580, en Extremadura, se convenció de que esa región albergaba una secta de iluminados muy extendida, cuyo origen podría atribuirse a la influencia de un solo jesuita. Trató de inducir al Supremo a una justa apreciación del peligro. Al principio, el Consejo encontró que la alarma de De la Fuente era poco o nada justificada, pero el tribunal local de Llerena se ocupó del asunto y, por fin, en un *auto* celebrado en junio de 1579 comparecieron quince *alumbrados*. Sin embargo, las penas impuestas no eran muy severas, y la detención de sólo quince acusados contribuyó poco en la justificación de las espeluznantes historias del corrompido misticismo de los jesuitas.

Aunque se probó que hubo inmoralidades entre algunos de los místicos de Extremadura, los heterodoxos, si es que los hubo, fueron pocos. Bien distinto fue lo ocurrido con un grupo de místicos descubierto a comienzos del siglo en Guadalajara. Uno de sus predicadores, un lego llamado Ruiz de Alcaraz, fue acusado de manifestar que tan sólo se necesitaba la oración mental y que la unión sexual era unión con Dios; negaba la eficacia de la confesión, de las indulgencias y de las buenas obras. Seriamente torturado, confesó. Había incurrido en la pena de relajación, pero fue sentenciado a prisión perpetua, confiscación de bienes y a ser azotado en Guadalajara y otros lugares en que había predicado. Uno o dos de los miembros del grupo de Guadalajara fueron acusados de luteranos, así como de alumbrados.

Las ideas místicas, llevadas al extremo, eran susceptibles, según pudieron comprobar los inquisidores, de conducir a doctrinas muy peligrosas. Al ser sometido a los censores inquisitoriales el libro de un clérigo desconocido, acerca de la disciplina espiritual y oración mental, junto con una serie de escritos diversos del mismo autor, aquéllos declararon que estaba plagado de errores doctrinales de variada magnitud, entre los que se contaban algunas proposiciones heréticas, tales como la licenciosa doctrina de que el alma perfecta tiene entera libertad, estando exenta de toda clase de ley; que la devoción y el uso de imágenes, rosarios, etc., eran tan peligrosos que impedían toda esperanza de salvación. En enero de 1578 el Supremo añadió al edicto de fe una lista de errores iluministas para información de los creyentes. Entre las proposiciones enumeradas había el menosprecio por la oración litúrgica —fundándose en que sólo se necesitaba la oración interior—, el escarnio del uso de imágenes y demás auxilios de la devoción, y de las buenas obras, puesto que el hombre perfecto no necesitaba realizarlas. En un edicto de gracia, de mayo de 1623, por orden del Inquisidor general Pacheco, se publicó una lista mucho más extensa de errores de los alumbrados, a consecuencia de las revelaciones de deshonestidades que se practicaban bajo el nombre de éxtasis místicos bajo la influencia de un sacerdote de Sevilla, fanático o demente. Es digno de nota que la lista fue censurada porque incluía, junto con un número de indudables herejías, proposiciones completamente intachables, que eran en realidad doctrinas aceptadas por la Iglesia.

Se concedió a los inculpados de Sevilla treinta días para presentarse. Parece que fue un golpe terrible para muchos ciudadanos, ricos y pobres, el enterarse de que habían sido declarados sospechosos de herejía; su única idea era librarse, a la primera oportunidad, de un reproche que les horrorizaba. Cientos de ellos se presentaron y el Inquisidor de turno tuvo que estar desde primera hora de la mañana, hasta bien entrada la noche, escuchando la confesión de sus culpas. Eran culpables de necedad; algunos de ellos, muy probablemente, de una conducta que era peor que la de un necio. Habían sido arrastrados por las extravagancias de un hombre cuya megalomanía lindaba con la locura; se habían engañado al aceptar su reputación de maravillosa santidad. Ninguno de ellos había sido culpable de herejía. Hubo casos subsiguientes de alumbrados en Sevilla. Algunas veces se atribuían a los acusados numerosos errores, pero poco después la Inquisición los consideró como aberraciones de moral y no de doctrina.

El Santo Oficio continuó actuando conforme a este criterio, antes de la excitación creada por las enseñanzas de uno de los más celebrados místicos herejes, Miguel de Molinos. El misticismo de Molinos no sabía nada de los éxtasis y visiones de Santa Teresa; era el arcipreste del *dejamiento*, del concepto de que, mediante la aniquilación del mundo exterior de los sentidos, el alma podía obtener aquel perfecto silencio en que se oía la palabra de Dios. Fue en Roma donde Molinos alcanzó su gran reputación como maestro y confesor y como autor de la *Guía espiritual*. Durante un tiempo considerable estuvo a salvo bajo la protección de Inocencio XI, pero se levantó la crítica cuando se descubrió que sus secuaces abandonaban el uso de los rosarios y que cuando estaban absortos en la oración silenciosa no hacían ningún caso de la elevación de la Hostia. Los jesuitas, también ellos sospechosos anteriormente de errores místicos, se colocaron frente a Molinos y obtuvieron la ayuda del padre. La Chaise, confesor de Luis XIV, el cual hizo valer su influencia sobre el monarca. En noviembre de 1685, la Inquisición española condenó la *Guía espiritual*, por contener herejías iluministas. En el mismo mes, la Congregación de la Inquisición Romana, actuando en representación del embajador francés, arrestó a Molinos, y cerca de tres años más tarde le declaró culpable de muchísimas opiniones heréticas, erróneas o blasfemas. Permaneció en prisión hasta su muerte, ocurrida en 1696. Después de esto, la palabra *molinosista* vino a suplantar a la de *alumbrado* en el vocabulario de la Inquisición española, y se usaba con frecuencia para designar al que se persuadía a sí mismo o pretendía persuadirse de que en la situación de *dejamiento* podría libremente satisfacer sus pasiones y permanecer aún impecable. Hacia mediados del siglo XVIII continuaban viéndose casos de *molinosismo* ante el tribunal de la Inquisición, especialmente en el norte de España. A fines de siglo, el Santo Oficio se inclinó a atribuir la confesión de este delito y las pretensiones de poseer poderes espirituales anormales, a error o locura, y probablemente tenía razón en considerar casi todos los casos desde este caritativo punto de vista.

El movimiento produjo una serie de impostores, especialmente entre las mujeres, en los siglos XVI y XVII. Tal fue, con toda probabilidad, el caso de Francisca Hernández, quien cobró tal reputación por su santidad, que cuando Adriano de Utrecht alcanzó el Papado imploró sus oraciones para él y para la Iglesia católica. Hablaba de sí misma como desposada de Cristo y sus secuaces pretendían que estaba tan profundamente impregnada de Espíritu Santo que era impecable. Evidentemente, ejerció una gran fascinación sobre algunos hombres, y se divulgaron relatos poco edificantes en cuanto a sus verdaderas relaciones con ellos. Fue detenida dos veces, pero parece que nunca se pudo probar nada contra ella. Respecto a su más famosa coetánea, Magdalena de la Cruz, no existió a la postre duda alguna. Su reputación de santidad y de poderes proféticos se extendió más allá de las fronteras de España; los príncipes seculares y los dignatarios de la Igesia pedían su consejo, oraciones y bendiciones. Pero cuando en 1543 cayó desesperadamente enferma, temiendo la muerte, confesó voluntariamente que sus visiones y profecías habían sido debidas a la posesión del demonio, y que había sido visitada por un espíritu familiar que se le presentaba en forma de Adonis. Se curó y fue llevada en seguida ante la Inquisición. La lectura de la relación de sus delitos en el *auto de fe*, ante el que compareció en mayo de 1546, duró ocho horas.

Hay muchos casos similares. Tales como el de una cierta María de la Visitación de Lisboa, cuya santidad era de tal naturaleza que pretendía poseer las llagas de Cristo. Se unió al movimiento portugués de independencia de España, y en 1588 se procedió contra ella. El agua y el jabón borraron por completo las señales. Fue sentenciada a flagelación dos veces por semana, a comer siempre en el suelo de su convento y a acostarse en la entrada del refectorio, de manera que las monjas la pisotearan al pasar.

De otra monja que pretendía gran santidad y éxtasis maravillosos, se demostró más tarde que albergaba todos los errores de los mahometanos, nestorianos, luteranos, calvinistas e iluministas. Otra, afirmando que podía liberar del purgatorio a millones de almas, fue considerada hereje obstinada y sentenciada a relajación. Las blasfemias que profirió camino de la hoguera eran tan horribles que tuvo que ser amordazada. Otra, que como las demás había tenido visiones y había realizado milagros, como poseedora de curas mágicas para los alumbramientos y las enfermedades, murió bajo la tortura, no sin confesar previamente que había sido una impostora.

El misticismo de los grandes movimientos religiosos del siglo XVI fue la manifestación de un renacimiento religioso genuino; fue también, en parte, una reacción emocional contra la rigidez de doctrina y el formalismo de la práctica religiosa. Constituyó un poderoso factor en la Contrarreforma; engendró a Santa Teresa, San Juan de la Cruz y Fray Luis de Granada, en España; Molinos en Italia; Madame Guyon y Fénelon en Francia. Tiene su representación pictórica en el Greco. Por ser emocional, podía traspasar los límites de la razón en algunas ocasiones. A veces dio lugar a un erotismo insano; en las inteligencias débiles ocasionó las más crueles decepciones; en débiles de otra naturaleza excitó a la indecencia y a la inmoralidad. Proporcionaba una oportunidad demasiado fácil al simple charlatán. Llorente considera que la Inquisición se utilizó de manera excelente para flagelar la estupidez de los débiles y la perversidad de los malhechores, y sólo siente que no limitase sus actividades a una tarea tan útil y admirable.

VIII

ACTIVIDADES DIVERSAS DE LA INQUISICIÓN

La Inquisición intervino en otros muchos delitos, diferentes de los ya examinados. Hemos visto que los problemas relativos a bienes confiscados y a la reclamación de jurisdicción en la que sus propios miembros estaban interesados, llevó ante ella muchos casos en los que no se involucraba herejía de ninguna especie. También procesó a personas que, no siendo herejes, eran favorecedores o protectores de ellos, o impedían a los tribunales y a sus funcionarios el cumplimiento de sus deberes. Pío V, en 1569, estableció las penas de anatema, privación del cargo y confiscación de bienes para los que, de cualquier modo, estorbasen a la Inquisición, molestasen a sus funcionarios, destruyesen sus archivos o ayudasen a escapar a sus detenidos. El más pequeño agravio contra cualquiera de sus servidores, lamenta Llorente, se castigaba como un delito contra la religión. El Santo Oficio intervenía también en delitos que, aunque no precisamente heréticos, estaban relacionados con la herejía o implicaban la existencia de doctrinas erróneas, como la brujería y la hechicería, bigamia, solicitación en el confesonario y manifestación de doctrinas escandalosas o perniciosas. El Santo Oficio tenía a su cargo la censura de libros. La Inquisición en sus últimos tiempos, cuando declinaba su influencia, ejercía esta función junto con la de persecución de nuevos tipos de herejía que aparecieron en el siglo XVIII, como el jansenismo, el racionalismo y la francmasonería. Trataremos de hacer un breve examen de las actividades más importantes que acabamos de mencionar.

Uno de los capítulos más interesantes de la Inquisición medieval y moderna lo constituyen los casos de famosos hechiceros y brujas. Antes del pontificado de Juan XXII, enemigo implacable de la excomulgada casta de magos, no se consideraba que la nigromancia tuviese, precisamente, ninguna cosa herética. La astrología se practicaba mucho en España, y los vagabundos, especialmente las mujeres judías y moras, leían el porvenir y efectuaban hechizos para apartar el "mal de ojo" o para preservar las cosechas o el ganado, sin obstáculo ni impedimento. Eymeric distinguió entre la adivinación mediante la quiromancia, que era relativamente inofensiva y que podía dejarse a los tribunales seculares, y la adivinación que imitaba ceremonias religiosas, que debía ser de la competencia del Obispo. Pero poco después de subir al trono Fernando, los edictos de fe incluyeron la amonestación de que se denunciasen los hechiceros como herejes, y antes de fines del siglo xvi el Santo Oficio reclamó la jurisdicción exclusiva sobre ellos. Mientras fue difícil determinar cuándo había herejía en el uso de las artes negras o cuándo no la había, la opinión que prevaleció fue la de que debían ser juzgados al menos como sospechosos.

El procedimento en casos de brujería difería poco del que se empleaba en los juicios de herejía, excepto en que no se utilizaba la tortura. Los castigos infligidos por la Inquisición eran mucho más leves que los que empleaban los tribunales seculares. Esto no quiere decir que la Inquisición dudase de la autenticidad de la brujería, aun a fines del siglo xviii interviene en este delito en el supuesto de que implicaba un verdadero pacto con el diablo. Un pobre hombre, que en un estado de desesperación invocó a Satanás sin resultado, fue encarcelado al negar la existencia del mundo de las tinieblas. Los dos casos más interesantes de brujería en los anales de la Inquisición española son el de Froilán Díaz, ya mencionado, y el del Dr. Torralba, el médico citado en el *Quijote*, quien tal vez por pura vanidad pretendía tener tratos con un espíritu familiar y que pagó su imprudencia con tres años de encarcelamiento.

En el siglo xv Europa fue presa de una gran alarma por la brujería. Sprenger, en su *Malleus Maleficarum*, y Bernardo de Como, grandes autoridades en la materia, que relatan las anécdotas del Sabbat, o la concurrencia de Satanás a medianoche, en que las brujas son transportadas por los aires, o la influencia de éstas sobre la tierra yerma y los hombres estériles, estaban convencidos de que repentinamente un nuevo peligro afligía a la cristiandad. Brujas

famosas fueron sometidas a terribles tormentos, afirmando
Sprenger y otros que la obstinación y la taciturnidad durante la tortura eran signos de ayuda diabólica. Ahora se
admite, de manera general, que el engaño, la locura y la
tortura eran en la práctica las tres causas de toda prueba
de brujería.

El aislamiento de España del resto de Europa la preservó de la alarma por la brujería hasta muy al final del
siglo xv, y es significativo que, cuando apareció tal alarma, se limitó casi a Navarra, que se encuentra al extremo
norte y que estaba poblada por campesinos ignorantes. A
consecuencia de la irrupción de una plaga de brujas, el Supremo nombró, en 1526, una junta de diez miembros
para que discutiesen la cuestión, entre los cuales el más
destacado era Valdés. La mayoría llegó a la conclusión de
que las sucesivas pruebas eran del todo insuficientes, y que
los delitos atribuidos a las supuestas brujas eran probablemente ilusorios. En el momento en que en otros países de
Europa se atribuía a las brujas el poder de producir la es-
terilidad y el tener costumbres de vampiros, por las cuales
iniquidades eran quemadas, esta junta decidió que las brujas acusadas de maquinar la muerte de personas y de
chupar la sangre de niños, no debían ser entregadas al
brazo secular como asesinos, puesto que no había nada que
probase en verdad que se hubiese cometido algún asesinato.
Acordaron que la Inquisición era el cuerpo apropiado para
conocer de los citados delitos de brujería, pero considerando que era mejor la prevención que la cura, llegaron
a la conclusión de que el primer paso a seguir era el de
enviar predicadores a que instruyesen al pueblo ignorante.
Sin embargo, el Inquisidor de Navarra no desistió, y halló
gran número de brujas en las montañas; parece que mató
a unas cincuenta mujeres, o tal vez más, pues estaba convencido de la veracidad de las historias del Sabbat y de
otras abominaciones que se les imputaban.

El Supremo mantuvo su actitud propia de precaución
y escepticismo, señalando a los tribunales las extremas dificultades presentadas por los relatos de brujería y recal-
cando la necesidad de una cuidadosa comprobación de todas

las evidencias. Se recordó a los inquisidores que no debían considerar como evangelio todo lo que encontrasen en el *Malleus Maleficarum*, cosa que habían hecho los inquisidores en otros países. Cuando se presentaron quejas de que el Santo Oficio estaba tratando al delito de brujería con una clemencia impropia, el Supremo impetró simplemente la severidad con que eran tratadas las brujas famosas en los tribunales seculares, y señaló que el problema era mucho más complicado de lo que se imaginaban los que presentaban las quejas.

Por espacio de unos setenta y cinco años, el Supremo mantuvo con firmeza su actitud eminentemente moderada e inteligente, haciendo lo posible por combatir la credulidad de la multitud, y para mitigar el imprudente celo de algunos tribunales. En 1610 hubo un retroceso temporal, ya que en aquel momento los miembros del Consejo estaban aparentemente alarmados de su incredulidad ante la evidente cantidad de pruebas lanzadas sobre ellos desde Navarra. Realmente parecía como si Satanás anduviera muy ocupado en aquellas regiones, y que los inquisidores locales tuviesen razón en actuar contra él.

Menos importante que el mismo retroceso fueron sus consecuencias inmediatas. En la primavera siguiente, el Supremo envió un Inquisidor especial a Navarra, Alonso de Salazar Frías, cuyo nombre merece ser tenido en perpetua gloria. Parece que su llegada provocó una gran alarma, pues cuando se publicó un edicto de gracia, cientos de personas se adelantaron a acusarse de nefandos tratos con el diablo. La gran mayoría de ellos eran simples niños. Salazar llegó a la conclusión de que por lo menos tres cuartas partes de los que se acusaban habían jurado en falso, y como quiera que fuese, no había pruebas de brujería. Sostenía que los edictos de gracia simplemente acrecentaban el mal, dada la mentalidad de la gente de Navarra. No habían existido brujas hasta que se escribió y se habló acerca de ellas. El Supremo, reforzado por el informe da Salazar, reasumió su primera actitud e insistió una vez más en la necesidad de una verdadera aclaración de las pruebas y acerca de que los predicadores explicasen a su grey que los niños morían repentinamente, y que las cosechas se malograban, en países donde no había una sola bruja, y que las causas de estas calamidades eran los fenómenos naturales, como las enfermedades y el mal tiempo. Después de 1610, pocos juicios de brujería figuran en los anales de la Inquisición y no hay absolutamente ninguno en el siglo XVIII.

Aun cuando el Supremo nunca negó categóricamente la posibilidad de que existiesen mujeres poseídas de poderes sobrenaturales debido a un pacto con el diablo, e incluso mantuvo un criterio amplio a este respecto, hizo cuanto pudo para que se lograse una evidencia objetiva y para frustrar la mera superstición. La exposición de esta actitud frente a la brujería constituye, realmente, el más honroso capítulo en los anales de la Inquisición española.

El delito de bigamia era juzgado normalmente por los tribunales episcopales, pero la Inquisición intervino con frecuencia cuando se trataba de moriscos, pues cualquier falta a la estricta monogamia indicaba una reincidencia al mahometismo, y al cabo de poco el Santo Oficio empezó a usurpar la jurisdicción a los diocesanos. El delito sólo correspondía al Santo Oficio cuando indicaba la existencia de creencias equivocadas relativas al sacramento del matrimonio, pero no era difícil argüir que invariablemente era así, a menos que el pecado fuese cometido por ignorancia, cuando había razón suficiente para suponer que la primera esposa o el primer marido había muerto. Tanto los tribunales seculares como los eclesiásticos reclamaban la jurisdicción sobre la bigamia, y en el siglo XVIII, bajo el reinado de Carlos III, se organizó una difícil división tripartita de la autoridad, por medio de la cual los problemas jurídicos, como la legitimidad de los hijos, eran de la incumbencia de los tribunales seculares; la validez del matrimonio pertenecía al tribunal episcopal, y la herejía correspondía a la Inquisición. Pero esta organización fue impracticable, y la Inquisición se ocupó casi de todo. Los casos de bigamia en que intervino fueron muy numerosos. Los archivos del tribunal de Toledo, en los siglos XVII y XVIII, los colocan, en cuanto a número, en segundo lugar.

El desagradable tema de la solicitación en el confesonario puede examinarse rápidamente, pero es imposible ignorarlo por completo, puesto que figura mucho en los asuntos de los tribunales inquisitoriales. El escándalo de sacerdotes que utilizaban el confesonario para seducir a las penitentes tenía que ser juzgado normalmente por los tribunales diocesanos, pero en este delito, como en la bigamia, el Santo Oficio se inclinaba a exigir la exclusiva jurisdicción, basándose en que un sacerdote podría cometer difícilmente este pecado sin tener una noción muy equivocada del sacramento de la confesión. Pablo IV y varios de sus sucesores exhortaron a los inquisidores a que se ocuparan de estas cuestiones, aunque algunas personas desaprobasen que se llamara la atención sobre tal escándalo, pues la publicidad desalentaría la práctica de la confesión y animaría a los luteranos. Existían dificultades inherentes a estos casos. Por su naturaleza, las únicas pruebas inmediatas debían ser las del agraviado; no podía haber testigos corroborativos. Siendo así, era necesario estar en guardia contra las posibilidades de simple calumnia, y los inquisidores debían guiarse en gran parte por la conducta y la reputación del informante y del presunto delincuente. La palabra de una mujer de notoria mala conducta no podía ser aceptada contra un sacerdote que hubiese llevado siempre una vida intachable. Por otra parte, la acusación de una mujer de carácter modesto y sensitivo, que no hubiese soportado la dura prueba del interrogatorio del Inquisidor, a menos que tuviese un motivo apremiante, normalmente se aceptaba.

El trato que daba la Inquisición al delito de solicitación no era muy satisfactorio. Hubiera sido mejor dejarlo a la incumbencia de los obispos en atención a la vileza moral que implicaba. La Inquisición tenía en cuenta el aspecto doctrinal y no el ético; sólo infligía penas leves —normalmente la abjuración *de levi* en privado, la prohibición perpetua de confesar y alguna pena espiritual—. Además, la definición inquisitorial del delito era excesivamente técnica: si la solicitación tuvo lugar antes o después de la confesión; si la penitente iba a confesar, pero la confesión se posponía; entonces, a pesar de la impropia conducta del sacerdote, no había abuso del sacramento y, por consiguiente, no existía error doctrinal. De la actitud de la Inquisición frente al delito se seguía también que la excusa de haberse cometido el pecado bajo la fuerza de un impulso repentino constituía una mitigación de la perversidad del acto. El punto de vista adoptado por el Santo Oficio estaba perfectamente de acuerdo con sus propias funciones, pero esto sólo demuestra que no había un organismo adecuado para juzgar ese delito, cuyo mal esencial era moral, no intelectual. Sabemos que cuando se publicó primeramente en Sevilla el edicto requiriendo la denuncia de confesores que habían sido culpables de solicitación, hubo tal cúmulo de mujeres que facilitaban información, que los notarios no podían hacer frente a la situación y fue necesario prolongar el período de recepción de acusaciones por todo un mes. Como la fuente de esta anécdota la encontramos, no en España, sino en Alemania, se trata probablemente de una gran exageración; pero ciertamente la solicitación es uno de los delitos que con más frecuencia figuran en los archivos inquisitoriales.

Otros delitos contra la moral en los que se podían encontrar intención herética, era el contrato de matrimonio por una persona que hubiese recibido órdenes sagradas, desafiando la norma de celibato, cosa que el Concilio de Trento declaró como delito herético, monstruoso y blasfemo. Debemos decir dos palabras acerca de la blasfemia. Algunas expresiones usadas comúnmente en España tenían, en realidad, un sentido herético, por ejemplo: "Pese a Dios" y "Reniego de Dios"; pero se utilizaban sin reflexionar, en momentos de cólera o enojo, y dado que el derecho secular contenía castigos adecuados para estos delitos, los inquisidores, en general, consideraron que podían dejar la blasfemia en manos de otras autoridades. Últimamente, cuando menguó el número de casos graves de herejía, blasfemias como "Reniego de Dios", se castigaban algunas veces como herejía.

Un tipo de conducta indecorosa en la que la Inquisición estaba muy interesada, era el de las conversaciones irreflexivas, insensatas o escandalosas acerca de las cosas sagradas.[13] Simancas observa que es peligroso aun para los más sabios e ilustrados sostener polémicas sobre temas relativos a la fe y a la religión. Es, por tanto, prudente para un escritor u orador, si necesita discutir aquellas cosas, que declare previamente que lo que va a decir no contiene intención de desvío de la fe católica en ningún aspecto, sino que la abraza por completo, de manera que quede totalmente claro que, si peca, lo hace por ignorancia, no por que pecara voluntariamente, aunque la repitiese mil veces. El sistema que se eligió para asegurar la mayor prudencia en las conversaciones casuales de los hombres y mujeres corrientes creó dificultades al predicador y al maestro. El primero podía encontrarse denunciado por el más ignorante de sus oyentes, gracias a cualquier manifestación que le pareciese extraña o censurable. En tales circunstancias, la originalidad se hizo peligrosa. Se decía que "los peligros del predicador cristiano no eran asunto de poca importancia". "Si los inquisidores procediesen contra todos los que fuesen denunciados, no encontrarían un solo predicador de la palabra de Dios."

Los pensadores audaces estaban siempre en peligro de ser llevados ante la Inquisición debido a manifestaciones u opiniones que ofendían a los espíritus menos vivos o más convencionales. Fray Luis de León fue uno de los españoles más atrayentes y brillantes del siglo XVI. Ha sido descrito como "un castellano mezclado de Milton, Wordsworth y Savonarola".[14] En las discusiones dialécticas que, con frecuencia, tenían lugar en la Universidad de Salamanca, de la que era profesor, a menudo salía triunfante y, en consecuencia, se creaba enemigos. La Universidad trataba de publicar una nueva edición de la Biblia latina.

[13] La proposición de que la fornicación entre personas solteras no es pecado mortal, fue castigada con mucha frecuencia por la Inquisición, y con severidad: la abjuración *de levi* con azotes o *vergüenza* eran las penas normales.

[14] A. F. G. Bell, *Luis de León* (1925), p. 11.

Fray Luis, que era descendiente de converso, fue acusado de mostrar poco respeto al texto de la *Vulgata*, en cuya inspiración no creía, porque se daba cuenta de los numerosos errores que se habían infiltrado en ella. Había traducido también al castellano el *Cantar de los cantares*, con un comentario en que se consideraba el libro más como un poema de amor que como una alegoría. Por estos motivos, Fray Luis de León fue denunciado a la Inquisición. Se le trató con benevolencia por su edad y sus achaques. Identificó a varios de los enemigos suyos que habían declarado en su contra, e hizo una magistral defensa de sí mismo. No obstante, el juicio prosiguió y los *calificadores* declararon que él, simplemente, había multiplicado sus errores en la tentativa de excusarlos. Con el tiempo, el tribunal no se puso de acuerdo, y el caso fue trasladado al Supremo, el cual absolvió a Fray Luis en diciembre de 1576, pero le censuró y le advirtió que en el futuro tratase con más precaución las cuestiones teológicas.

Pero la precaución era extraña a la naturaleza de este apasionado erudito, poeta y místico. Una vez más, en 1582, se vio comprometido en una polémica de su Universidad defendiendo las doctrinas de un jesuita, llamado Montemayor, sobre el tema de la predestinación y el libre albedrío, en contra de un fraile dominico. Esto trajo la discusión de otras cuestiones altamente debatidas. Una vez más Fray Luis de León fue denunciado a la Inquisición; una vez más el proceso fue de larga duración; una vez más fue censurado, ahora por Quiroga, el mismo Inquisidor general, cuya amistad personal parece que le libró de peores humillaciones.[15]

Caso parecido al de Fray Luis de León es el de otro profesor de Salamanca, Francisco Sánchez, más conocido como El Brocense, por su lugar de nacimiento, Las Brozas. Orgulloso intelectualmente, y del todo despreciativo para

---

[15] Una vez, después que regresó a la Universidad de Salamanca, al preguntarle un estudiante contestó: "Estoy ronco. Además es mejor hablar en voz baja para que los caballeros de la Inquisición no puedan oír."

con las personas necias, este gran universitario se perjudicó
por su afición a la paradoja, por su atrevimiento en la
oratoria y su particular desprecio a los teólogos. Entre sus
obiter dicta en el aula de la Universidad, que ofendieron
a algunos de los asistentes, estaba la declaración de que
Cristo nació en septiembre y no en diciembre, y no en un
establo, sino en una casa; que la circuncisión no se la hizo
San Simón, sino la Virgen; que los santos del cielo debían adorarse, pero no sus imágenes, que eran de madera
y de yeso. El tribunal local consideró estas proposiciones
como heréticas, pero el Supremo conocía bien la fama de
Sánchez y no estaba dispuesto a ser severo. Ante el Supremo se defendió vigorosamente, justificando todo lo que
había dicho. Con el tiempo fue censurado y advertido
como lo había sido Fray Luis de León. No obstante que
en su cátedra la vieja libertad de palabra se consideró
como una cosa del pasado, dos de los volúmenes que después publicó estaban llenos de menosprecio hacia los teólogos. Requerido de nuevo por la Inquisición, en 1600,
fue tratado con indulgencia y se le permitió cumplir la prisión en casa de su hijo, médico de Valladolid. La actitud
de la Inquisición en ambas ocasiones era la de que no había
nada que mereciese censura verdaderamente importante en
lo que en realidad había dicho Sánchez, pero que era demasiado altivo y presuntuoso. Lo consideraron como un
mero gramático, tan henchido de ciencia secular que se
creía autorizado para fijar la ley en todas las materias.
En una patética llamada a los inquisidores, escrita cuando
supo que iba a morir, El Brocense declaró su adhesión, sin
reservas, a la fe católica, manifestando que nunca había
escrito un libro sin encomendar a Dios su obra. Si, considerando la franqueza de expresión de Sánchez, es muy
notable que la Inquisición le mostrase tal benevolencia, más
digno aún de tenerse en cuenta es que, con la existencia
del sistema inquisitorial, era difícil para hombres de gran
inteligencia el evitarse molestias, y que las personas de menos ánimo y mayor prudencia que Fray Luis de León y
que Sánchez cuidasen de no poner en peligro su propia paz

cuando sus aficiones eruditas o su sentido del humor les impulsaran a hablar.

En su período de decadencia, en el siglo XVIII, la Inquisición estuvo muy ocupada en combatir lo que parecía ser ofensivo en la obra del erudito, el escritor y el filósofo. Hubo de mantener a raya una o dos herejías nuevas. El jansenismo, originario de los Países Bajos, y que fue una fuerza poderosa y perturbadora en Francia durante la segunda mitad del reinado de Luis XIV, nunca tuvo fuerza en España; sin embargo, hubo algunos jansenistas, y los jesuitas, enemigos implacables del jansenismo, ejercieron una gran influencia en la Inquisición, de tal manera que, aun después de que la hostilidad de los jesuitas hacia la política de Carlos III acarreó su expulsión del reino en 1767, la Inquisición continuó tratando de eliminar las opiniones jansenistas. Hubo también la francmasonería, que Clemente XII, en 1738, condenó como una de las cosas más perniciosas, que debía ser desarraigada mediante el esfuerzo combinado de obispos e inquisidores. En España se fundaron pocas logias antes de 1760, pero a partir de esa fecha, con la ayuda personal de Cagliostro, el movimiento progresó. Cuando reveló un carácter revolucionario, las autoridades seculares intervinieron, pero a los pocos años de su existencia, especialmente después de la restauración de 1814, la Inquisición demostró bastante energía contra la masonería.[16] Pero lo que más detestó la Inquisición entre los nuevos fenómenos del siglo de las luces, fue el tipo de filosofía procedente de Francia. Los pensadores franceses diferían mucho entre sí, pero coincidían en constituir una influencia subversiva, y muchos de ellos, si no atacaban realmente al cristianismo, eran hostiles a la Iglesia católica. Sus opiniones eran anatemas, no sólo para la Inquisición, sino para la gran mayoría del pueblo español,

[16] A veces son considerados como una especie de maniqueos. Cf. un folleto de 1752, "Verdadera cronología de los maniqueos que aún existen con el nombre de francmasones". Véase V. de la Fuente, *Historia de las sociedades secretas... en España.* (Vol III, 1871), pp. 422-8.

y sólo penetró un débil eco del nuevo movimiento al sur de los Pirineos. Por otro lado, algunos españoles eruditos que viajaban por el exterior se interesaron por las ideas del *éclaircissement*.

Tal fue el caso de un joven y ambicioso letrado, Pablo de Olavide, que conoció personalmente a Rousseau y a Voltaire cuando estuvo en Francia, y que mantuvo correspondencia con ellos a su regreso a España. Fue denunciado a la Inquisición como ateo que no creía en milagros ni en la exclusiva salvación de los católicos. Surgieron muchos testigos contra él, y se le atribuyeron proposiciones heréticas. Después de que había permanecido ya dos años en la cárcel, en noviembre de 1778, se le declaró culpable y fue sentenciado a ocho años de confinamiento en un convento, a confiscación de bienes e incapacidad civil, que afectaba hasta la cuarta generación de sus descendientes. En otros tiempos hubiese sido, sin duda, quemado; pero hasta este leve castigo estaba entonces tan en desacuerdo con el espíritu de la época que regía en otros países, que acarreó un gran odio a la Inquisición. Olavide logró escapar de España, en 1780. Dieciocho años más tarde publicó un relato tan conmovedor de su desengaño como filósofo y de su contrición como católico, que se le permitió volver a España.

El Santo Oficio no tenía ya el poder de antaño. Algunos de los más sospechosos librepensadores ocupaban altos cargos, tales como el Conde de Aranda, ministro de Carlos III. En su período de apogeo, la Inquisición no dudaba en atacar a los funcionarios del Estado, y normalmente podía contar con el apoyo real. Pero ahora era distinto, no podía confiar invariablemente en el favor del Rey, como lo prueba el hecho de que el consejero de Carlos III estuvo fuera de su alcance. Sin embargo, en 1789 Carlos IV, alarmadísimo por el giro que tomaban los asuntos de Francia, llegó a la conclusión de que los principios revolucionairos eran heréticos *per se*, y la Inquisición, actuando rápidamente bajo este parecer, ordenó que todos los periódicos franceses que entrasen en el país fuesen entregados a sus funcionarios. Pero la tarea de mantener a raya por completo las ideas francesas resultó inútil, ya que aquéllas estaban por encima de los poderes unidos de la Corona y la Inquisición, y España tuvo su revolución en 1812.

Era completamente natural que una institución cuya función era la de proteger a los creyentes del contagio del error, tuviese a su cargo la inspección de la prensa. La invención de la imprenta hizo aún más fácil que antes la propagación de las doctrinas falsas. Alejandro VI, en 1501, pidió a los obispos alemanes que luchasen contra los abusos del nuevo arte que nació en ese país. En un Concilio de Letrán, en 1515, se estableció que no se podría publicar ningún libro sin el examen de la autoridad eclesiástica pertinente. En 1502, Fernando e Isabel ordenaron que no se podía imprimir, importar, ni vender ningún libro sin previa licencia. Hasta aquí no se mencionó la Inquisición. Torquemada, en un *auto* de 1490, quemó públicamente 600 volúmenes que contenían ideas judaizantes y otras herejías; pero hasta 1521 no se publicó el edicto de Adriano de Utrecht acerca de que los libros prohibidos debían ser entregados a los inquisidores para que los quemasen públicamente, edicto que respondió a la llamada de León X a las autoridades españolas para que previniesen la introducción de obras luteranas en el país. En 1536, el Supremo se declaró autoridad para otorgar las licencias, pero en 1550 recapacitó sobre ello y desde aquel momento se contentó con la condenación de los libros nocivos, dejando a otras autoridades la aprobación de los demás.

En los edictos de fe se imponía entonces como obligación de todo buen cristiano la denuncia de libros que pareciesen contener temas ofensivos para la fe, y todo libro del cual se hubiese formulado alguna queja, era sometido a los calificadores, quienes informaban al Supremo acerca de su aprobación, prohibición o expurgación, según el caso. Las personas que poseían obras condenadas por el Supremo, bajo el consejo de expertos, tenían que entregarlos, para su destrucción o para la obliteración de los pasajes ofensivos. Este sistema necesitaba, evidentemente, formar listas de libros prohibidos. La primera de estas listas fue compilada, a instancia de Carlos V, por la Universidad de Lovaina, en 1546. La Inquisición española publicó, en 1551, una nueva edición de aquella lista con otra adicional, que ella misma había compilado, de algunos libros en castellano y en latín. Después que se descubrió el gran contrabando de literatura luterana que hizo Hernández, Valdés decidió que la Inquisición española tomaría a su cargo la formación de un *Index Librorum Prohibitorum*, completamente suyo. Esta gran empresa —en la que intervino, entre otros, Francisco Sánchez—, se completó en 1559. Entre este Índice español y el más famoso *Tridentino* o Índice papal que apareció en 1564, había la gran diferencia de que, mientras el último no hacía distinciones entre las obras totalmente censurables, y las que sólo lo eran en parte, el primero distinguía entre las que eran condenadas definitivamente y las que eran sancionadas bajo condición de que los pasajes ofensivos fueran eliminados.

Las listas de libros pronto resultaron anticuadas y no transcurrió mucho tiempo sin que se presentase la necesidad de publicar un nuevo Índice. La obra, confiada a la Universidad de Salamanca, abarcó varios años. Al fin, en 1583 y 1584, respectivamente, se publicaron dos volúmenes, el uno era una lista de libros condenados, y el otro una colección de expurgaciones requeridas en libros considerados parcialmente ofensivos. Éstos son conocidos como los *Índices de Quiroga*, más tarde Inquisidor general. Se publicaron aún otros *Índices* en 1612, 1632, 1640, 1707, 1747 y 1790. El último, conocido como *Índice último*, no contenía aquella disposición de expurgaciones creada por sus predecesores.

No bastaba con publicar *Índices*; era necesario comprobar que no se leían los libros prohibidos. La Inquisición utilizaba agentes para inspeccionar las librerías y aun las bibliotecas particulares. Pero donde más vigilancia había era en los puertos de mar y en la frontera francesa. No sólo se examinaban los paquetes de libros, sino toda clase de mercadería, pues el episodio de Hernández nunca se olvidó. A la llegada de un barco al puerto, su tripulación, pasajeros y mercaderías tenían que ser examinados por un comisionado de la Inquisición. Estas *visitas de navíos* eran molestas, imponían demoras y gastos, pues el agente cobraba por sus servicios. Los comerciantes elevaban constantes quejas, especialmente en Bilbao, puerto principal de la costa de Vizcaya; estas quejas eran apoyadas por los embajadores de potencias extranjeras, pero todo resultaba inútil. El Estado aprobó plenamente el sistema inquisitorial de protección al pueblo contra el veneno de la literatura nociva, y sus propias leyes de imprenta fueron excesivamente drásticas.

Se permitió una ligera mitigación del sistema de censura. Los libros heréticos no sólo debían ser quemados, sino también impugnados, y esto no podía ser si nadie los leía. Por tanto, se solía dar licencia a personas cuya pureza de fe estaba por encima de toda sospecha, permitiéndoles leer y aun a veces poseer libros prohibidos. Pero las licencias sólo se otorgaban después de una completa investigación sobre la conducta del aspirante a ella y del objeto de su petición, y no se concedían con frecuencia.

¿Cuál fue el resultado de la censura de imprenta que mantenían en España el Gobierno y la Inquisición? Se ha afirmado en su defensa que el pueblo español tenía libertad para leer muchas obras y que el total de libros prohibidos no tenía importancia en comparación con los que se permitían; que sólo algunos de los grandes clásicos españoles aparecían en el Índice; que no se atacaba la literatura imaginativa ni se censuraba el drama; que no se proscribían obras filosóficas o científicas de elevada categoría; que no había una mezquina exclusión de literatura especulativa original; que aunque la Congregación Romana condenó a las obras de Galileo no lo hizo la Inquisición española; que no existía proscripción de Averroes, Ramón Lull, Ficino, Copérnico, Descartes, Hobbes, Newton, Leibniz y Spinoza; que todo lo que este régimen hacía o trataba de hacer era prevenir que unos libros, relativamente escasos, hostiles a la Iglesia y peligrosos para la fe, cayesen en manos de gente ignorante y falta de instrucción.

Todo esto puede ser cierto, pero el que cree en la libertad de prensa puede, por su parte, alegar que la censura introdujo en el reino de las letras y en el comercio de libros la misma clase de inseguridad que en los negocios en general implicaban las confiscaciones de bienes hechas por la Inquisición. La profesión de autor y la investigación científica se desanimaron igualmente, y España, en cierta medida, se mantuvo aislada de las corrientes intelectuales del resto del mundo.[17]

[17] Para un examen completo de los temas brevemente tratados en este capítulo, véase Lea, *Inquisition of Spain*, vol. III, pp. 480-549; vol. IV, pp. 95-335.

IX

APOGEO, DECADENCIA Y ABOLICIÓN DE LA INQUISICIÓN ESPAÑOLA

Las actividades de la Inquisición española no se limitaron a la Península; se extendieron en muchos lugares del Imperio español, aunque no a todos. Ni en Nápoles, ni en el Milanesado, fue posible establecer ningún tribunal debido a la fuerte oposición de la opinión pública.

La Inquisición papal se introdujo en el reino de Nápoles cuando éste pertenecía a la Casa de Anjou. El tribunal tuvo la posibilidad de realizar una gran labor, puesto que los valdenses del Piamonte se habían establecido en Apulia y Calabria y, con el tiempo, algunos judíos fugitivos de España encontraron refugio en el sur de Italia. Cuando Fernando de Aragón conquistó el reino de Nápoles y los ejércitos del Gran Capitán, Gonzalo de Córdoba, expulsaron por fin a los franceses, el nuevo gobernante quiso establecer una Inquisición eficaz según el modelo español. Los napolitanos, por su parte, no estaban menos deseosos de evitar que esto ocurriera, aunque no se oponían a que continuase el tribunal existente, que no era muy enérgico. Gonzalo aconsejó que el proyecto se aplazase. Sin embargo, en 1509, Fernando llegó a la conclusión de que ya podía establecer sin peligro la Inquisición española. Pronto se dio cuenta de que se había equivocado. Fue tal la excitación causada por el simple rumor de lo que intentaba hacer, que tuvo que contentarse con ordenar la expulsión de todos los judíos y marranos. En Nápoles no existía un odio tan grande contra la raza hebrea como en España, y en realidad la orden no se llevó a ejecución hasta 1540, durante el reinado de Carlos V. La Inquisición papal continuó funcionando, pero era tan carente de poder, que el más notable de los protestantes españoles, Juan de Valdés, pudo establecerse en Nápoles en 1534, donde pasó el resto de su vida sin ser molestado y fue figura central de un pequeño grupo de espíritus afines, tales como Bernardino Ochino.

El ducado de Milán estuvo en manos de España desde 1529 a 1707. Felipe II proyectaba llevar allí la Inquisición española, pero la hostilidad popular fue tan fuerte que tuvo que abandonar su proyecto. El tribunal papal no trabajó de manera muy satisfactoria hasta que el virtuoso Carlos Borromeo llegó a ser Arzobispo de Milán, en 1561. Borromeo empleó su apasionada energía en la labor de extirpar la herejía dentro de su diócesis, con el mismo entusiasmo que puso en el cumplimiento de todos sus deberes; pero este hecho no tiene relación con la Inquisición española.

En el siglo xv, Sicilia era parte de los dominios de la Casa de Aragón, pero cuando Fernando estableció la Inquisición en España no la implantó inmediatamente en aquella isla. Sin embargo, en 1478, Torquemada envió un Inquisidor allí, y como el edicto de 1492 contra los judíos se extendía a Sicilia, vinieron los bautismos forzados, seguidos de la inevitable aparición de herejes judaizantes. En Sicilia se elevaron muchas quejas contra los métodos inquisitoriales, tales como la obtención de pruebas mediante la tortura excesiva; la quema de personas que persistían, hasta el fin, en mantener su inocencia; la injusticia que se cometía con las viudas cuyas dotes no se exceptuaban de la confiscación de bienes de sus maridos; el nombramiento de los nobles como familiares; los excesivos privilegios concedidos a éstos, y el aumento de funcionarios. Carlos V y Felipe II intervinieron para satisfacer estas críticas, por lo menos en lo que se refería a los agravios de los familiares. Pero las disputas entre el tribunal siciliano y las autoridades civiles continuaron y los inquisidores locales se quejaban de que los cargos formulados contra ellos interferían seriamente la eficacia de su trabajo. En 1713, la isla pasó a manos del Duque de Saboya, quien la cedió a cambio de Cerdeña cinco años más tarde, cuando pasó a ser posesión del Emperador Carlos VI. A pesar de estos cambios, la Inquisición siciliana permaneció sujeta al Supremo. En 1735 Austria tuvo que ceder la isla, junto con Nápoles, a Don Carlos, el futuro Carlos III de España. Éste obtuvo del Papa un Inquisidor general especial

para Sicilia, independizándose así la isla de la Inquisición
española.

Poco necesitamos decir acerca del tribunal de Cerdeña.
El Santo Oficio se estableció en esta posesión de la Casa de
Aragón antes de fines del siglo xv. Utilizada contra los
conversos con bastante energía en sus primeros tiempos,
parece que fue excesivamente pródiga en el nombramiento
de familiares y de subordinados inútiles. Las incesantes
disputas con el Estado, relativas a cuestiones de privilegios, son la característica más sobresaliente de su historia,
hasta su extinción, cuando la isla pasó a manos del Duque
de Saboya en 1718.

En 1505 se creó un tribunal en las islas Canarias, que
al principio tuvo poca independencia por estar subordinado al tribunal de Sevilla. Las islas habían atraído a una
considerable población judía debido a la ausencia del Santo
Oficio; sin embargo, no hubo mucha persecución hasta que
el tribunal se hizo independiente y apareció un enérgico
Inquisidor en la Gran Canaria. Poco después de su establecimiento en Las Palmas —en otoño de 1569—, tuvo
lugar un gran *auto de fe* que atrajo espectadores de otras
islas del archipiélago. Verdaderamente, había el doble de
espectadores que la población de la Gran Canaria. Aunque hubo muchos casos de reincidencia al judaísmo por
parte del contingente de judíos de las Canarias y de reincidencia al mahometismo por parte de los esclavos moros
bautizados, la mayoría de los delitos conocidos por la Inquisición son de solicitación en el confesonario, blasfemia
y brujería. Pero los procesos más interesantes son aquellos
contra los herejes extranjeros, con más frecuencia ingleses,
holandeses o flamencos, que se encuentran en número considerable en las últimas décadas del siglo xvi.

Tanto los comerciantes regulares como los filibusteros,
hallaron algunas veces graves dificultades en sus operaciones en los mares españoles. Las autoridades se alegraban
de capturar *corsarios luteranos*, y los navegantes que eran
llevados primeramente ante los magistrados civiles como
piratas, podían ser entregados después al Santo Oficio
como herejes. La mayoría de estos navegantes transigían

con sus aprehensores mediante la abjuración de su religión, y sólo un inglés fue tan obstinado que se le llevó a la hoguera —un cierto capitán George Gaspar—, y pereció en un *auto* de 1587. La profesión de catolicismo no siempre traía aparejada la liberación, como le ocurrió a un calvinista holandés, quien al expresar su deseo de ser recibido en la Iglesia católica, fue enviado a un convento español para que se instruyese en la nueva fe, y con el requerimiento de que nunca entraría en un país hereje. Por otro lado, las fugas de las islas eran frecuentes y resultaba casi imposible capturar a los fugitivos. Los presos huidos o liberados llevaban a Inglaterra historias terribles de la Inquisición española —su mala fama, en gran medida, procede de sus descripciones de los calabozos de Las Palmas—; pero las amargas quejas de privaciones, tales como beber vino mezclado con agua, padecer un régimen alimenticio a base de pescado, verduras y naranjas, no indican malos tratos. Si es cierto que sólo unos pocos de estos herejes fueron quemados, muchos de ellos, en cambio, fueron torturados, al mismo tiempo que se les confiscaban sus navíos y mercancías.

En América, el establecimiento de la Inquisición siguió a la Conquista española. Parece que en México los obispos ejercieron la vigilancia efectiva en los casos de herejía hasta el reinado de Felipe II. Tan pronto como se estableció la Inquisición, tuvo que desplegar una gran actividad, y debido a la gran distancia de la Madre Patria, tuvo que gozar forzosamente de mucha independencia del Supremo. Gran parte de las primeras víctimas fueron extranjeros. Treinta y seis de los hombres de John Hawkins cayeron en manos del tribunal mexicano. Durante el curso de su tercer viaje, en 1567, tuvo que desembarcar la mitad de su tripulación por falta de provisiones en una costa hostil. Un tal Miles Philips dejó una narración del *auto* que presenció. Varios ingleses murieron en la hoguera en México; y estos castigos y los aún más frecuentes de azotes públicos a los odiados piratas herejes complacieron a la población española.

En América hay los casos corrientes de bigamia, blasfemia, seducción y superstición; en el siglo XVII estalló una persecución contra los judíos portugueses, pero los episodios más interesantes en la historia posterior de la Inquisición mexicana son las persecuciones de los dos caudillos de la Guerra de la Independencia de 1808-15. Miguel Hidalgo, párroco de Dolores, arrastró a sus feligreses a la revolución en 1810. Era hombre de destacadas cualidades intelectuales, no muy escrupuloso en cuestiones de comportamiento moral y no sentía ninguna repugnancia al expresar en público sus peligrosas opiniones heterodoxas. Ya había sido denunciado dos veces a la Inquisición por su vida desordenada y sus notorios errores, pero las pruebas le fueron favorables y no se tomó ninguna medida en su contra. Sin embargo, cuando surgió como caudillo de la revolución, aparecieron en las iglesias listas de todos los múltiples delitos que se le habían atribuido, y fue citado para que compareciese ante el Santo Oficio. Naturalmente, como se hallaba comprometido en las operaciones militares contra el gobierno, no se presentó; en su ausencia fue acusado solemnemente de deísta y ateo, de judaizante y protestante, de blasfemo y seductor; en realidad, de todos los delitos que contenía la lista inquisitorial. En 1811, Hidalgo fue derrotado y capturado. Las autoridades civiles lo tuvieron bajo su custodia y después lo ejecutaron; mientras estaba en la cárcel dirigió una extensa carta a la Inquisición protestando su sumisión a ella y defendiéndose minuciosamente contra las acusaciones de herejía. La Inquisición no sabía si aceptar esta confesión o no, y simplemente suspendió la causa indefinidamente, como sistema más fácil en caso de duda.

Morelos, que como Hidalgo era sacerdote, fue un jefe militar más afortunado, pero con el tiempo también la suerte le fue adversa. A diferencia de Hidalgo, una vez capturado, fue alojado en la cárcel secreta de la Inquisición, y juzgado por este tribunal antes que las autoridades civiles comenzaran su proceso, que ya de antemano había decidido su ejecución. El juicio inquisitorial se resolvió en cuatro días, sin duda porque la autoridad civil estaba impaciente. Se le declaró culpable de deísmo y ateísmo, secuaz de Hobbes y de Voltaire —la fórmula fue casi tan extensa como en el caso de Hidalgo—, y fue privado de su sacerdocio antes de ser entregado para su enjuiciamiento como traidor al Estado.

Lo mismo que en México, en el Perú los obispos tenían al principio la exclusiva jurisdicción sobre las causas de herejía, y hasta 1570 —treinta y cinco años después de ser completada la Conquista por Pizarro—, no se introdujo en el país la Inquisición. El territorio sobre el que el nuevo tribunal tenía jurisdicción era inmenso, pues se extendía no sólo sobre el Perú, sino sobre Chile y toda la América española del Sur. Se establecieron comisionados en Buenos Aires y en Santiago de Chile, pero aun así el radio de acción de la efectiva jurisdicción debió haber sido muy limitado, y las posibilidades de escapar de las garras de la Inquisición eran considerables. Nueva Granada (es decir, Colombia y Venezuela) se separó, en cuanto a la Inquisición se refiere, del Virreinato del Perú en 1563, estableciéndose un tribunal independiente en Cartagena, en 1610; pero las posteriores propuestas de crear aún otro tribunal en Sudamérica se rechazaron por razones pecuniarias.

Parece que la Inquisición no tenía gran trabajo en América del Sur. Allí, como en México, los nativos convertidos por celosos misioneros no eran molestados en general. Felipe II, en una instrucción de 1572, ordenó un trato especial para ellos basándose en su escasa preparación en materia de fe. Los herejes procedían de la exigua población europea, y hasta que tuvo lugar la inmigración de judíos portugueses, los herejes no eran numerosos, o bien su persecución fue infructuosa. La gran mayoría de los delitos denunciados a los tribunales de Lima y Cartagena eran aquellos en que la herejía era meramente ilativa. Cierto número de impostores místicos fueron procesados a principios del siglo XVII, especialmente Ángela Carranza, cuyos famosos milagros, éxtasis y revelaciones engañaron durante quince años a todos los peruanos, de los virreyes y arzobispos abajo. La influencia de los nativos se descubre, sin duda, en gran número de casos de superstición culpable que fueron llevados ante el tribunal de Cartagena;

si entre ellos no existían herejes, se encontraban muchas brujas sin embargo.

Hay algunos casos de protestantes extranjeros que fueron apresados por la Inquisición. Entre ellos se encontraba John Drake, primo de Sir Francis Drake, quien después de naufragar en las costas del Pacífico y de pasar un año entre los indios, atravesó el continente hasta Buenos Aires, donde fue detenido y sentenciado a reconciliación y a confinamiento en un convento por tres años. En 1594, Ricardo Hawkins, hijo del gran Sir John, fue gravemente herido y capturado por los españoles en San Mateo. Muchos de sus hombres fueron enviados a galeras en Cartagena, pero él y otros doce fueron conducidos a Lima, reclamados por la Inquisición, y encerrados en sus mazmorras. Ocho de ellos comparecieron en un *auto de fe* en diciembre; todos expresaron su conversión y fueron reconciliados, con la excepción de William Leigh, que fue sentenciado a seis años de galeras, debiendo cumplir después la condena de prisión perpetua, y la de Hawkins, que por estar demasiado enfermo para asistir al *auto* fue enviado a España, donde permaneció en la cárcel desde 1597 a 1602. Hay uno o dos casos de herejes ingleses quemados por el tribunal de Lima. Antes de fines del siglo XVI el Consejo de Indias hizo ver la necesidad de medidas especiales para luchar contra los navegantes extranjeros herejes. Se propuso el establecimiento de un tribunal en Santo Domingo, que tuviese jurisdicción sobre las Antillas, pero no se aceptó la propuesta.[18]

Aunque es importante señalar la extensión de la zona de influencia de la Inquisición española, como resultado de

18 Véase la proposición de trasladar la Inquisición de Cartagena a Santo Domingo, o de fundar allí una nueva, en el memorial bajo el título de "Medios propuestos por Fernando Joseph de Haro y Monterroso para poblar sin costo alguno de la Real Hacienda la Isla de Santo Domingo" [1699]. Publicado por Rodríguez Demorizi en *Relaciones históricas de Santo Domingo*. vol. I (1942), pp. 341 y 346. Haro Monterroso fue Oidor de la Real Audiencia de México. [T.]

la expansión del Imperio español, tanto en Europa como en el otro lado del Atlántico, desde el principio al fin, el principal teatro de operaciones fue la Península. En sus primeros tiempos, los de Torquemada, fue cuando el Santo Oficio se mostró más sanguinario; en la época de Ximénez, Adriano de Utrecht, Manrique, Valdés, Espinosa y Quiroga, alcanzó la cumbre de su fama; pero aunque llegó a su cenit durante los reinados de Carlos V y Felipe II, puede decirse, quizás, que obtuvo el máximo de poder bajo Felipe IV, puesto que este soberano mostró para con la Inquisición una deferencia casi servil. Sin embargo, a juzgar por las apariencias, la Inquisición tuvo más valimiento que nunca durante el reinado del desdichado Carlos II, pues jamás se celebró un *auto de fe* con tanta pompa como aquel de 1680, en Madrid, en el que hubo cien víctimas.

Con el advenimiento de la dinastía de Borbón, a principios del siglo XVIII, se produjo un marcado contraste. Felipe V se rehusó a asistir a un *auto de fe* cuando ascendió al trono, y aunque estaba convencido de que la Inquisición era una ayuda demasiado necesaria a la supremacía real para no ser favorecida por la Corona, él y sus sucesores estaban determinados a no permitir la existencia de un *imperium in imperio*. Esto puede también decirse de Fernando el Católico y de Carlos V. Los soberanos franceses, aunque no más tiránicos, eran precisamente tan absolutistas en su política como ellos, pero sentían mucha menos simpatía por la Inquisición. Un príncipe educado en Versalles consideraba la Corte como un centro necesario de cultura e ilustración, y la llegada de los Borbones trajo la inauguración de academias de ciencias y letras y la publicación de periódicos eruditos en España. Las nuevas tendencias que se vislumbraron bajo el reinado de Felipe V se destacaron aún más en el de Fernando VI, y sobre todo con Carlos III, estimado como uno de los "reyes filósofos", quien se rodeó de ministros de mentalidad esencialmente laica, tolerante y utilitarista.

En esta nueva atmósfera la Inquisición tuvo que andar con cautela. Ya no podía desdeñar las críticas contra su arbitrario proceder, ni contra sus inmunidades injustificadas. Llorente nos dice que los inquisidores del siglo XVIII fueron muy distintos de sus predecesores, constituyendo un modelo de suave moderación y benevolencia. El espíritu de la época, reflejado en la actitud de la Corte y de los ministros, era demasiado fuerte para la Inquisición; ya no poseía la autoridad y respeto de que hasta entonces había disfrutado, y muchos de sus mal pagados funcionarios se hicieron perezosos e indiferentes. Cuando actuaba con su vieja seguridad, se encontraba sin apoyo en las clases elevadas y a veces tropezaba con la hostilidad popular. Algunas causas seguidas ante el tribunal de Alicante ocasionaron la propuesta, presentada en 1797 y en los dos años siguientes, para la abolición del Santo Oficio.

Mas entonces no era el momento oportuno para su desaparición, pues a consecuencia de la Revolución francesa, el Santo Oficio obtuvo un nuevo plazo de vida. El carácter anticlerical y al mismo tiempo ateo del movimiento francés horrorizó a la gran mayoría de españoles y fortaleció el innato espíritu conservador del carácter nacional. La Inquisición llegó a ser una vez más, por un breve período, el símbolo del tradicional patrimonio de España: la inmaculada pureza de su fe, el gobierno monárquico y los sagrados derechos de la propiedad. Así, cuando en 1798 Grégoire, Obispo republicano de Blois, instigó a España para que aboliese la Inquisición, derrocase el despotismo y estableciese la tolerancia, el único resultado fue la publicación de celosas réplicas en defensa de la monarquía española y de su Inquisición, en las que se recordaba al obispo que la caída del hombre era un hecho mucho más importante que los derechos del hombre.

Cuando en 1808 los ejércitos de Murat y Junot colocaron en el trono de España a José Bonaparte, el Supremo le apoyó en Madrid. Pero cuando el mismo Napoleón llegó allí en diciembre, se publicó un decreto aboliendo la Inquisición y declarando confiscados por la Corona todos sus bienes. Sus archivos fueron entregados a la custodia de Antonio Llorente, que había sido secretario del tribunal de Madrid desde 1789 a 1791. Éste, con precipitación que dice más en favor de sus cualidades humanitarias que de su capacidad como archivero, quemó todos los expedientes de las causas criminales que le vinieron a mano, salvo algunas que juzgó que tenían una especial importancia histórica, tales como las de Carranza y Froilán Díaz. Pero el edicto de Napoleón no significó la desaparición de la Inquisición, del mismo modo que la victoria de sus ejércitos no signifcó la pérdida de la independencia española. Dondequiera que los franceses no dominaban, los tribunales continuaron funcionando.

Desde el otoño de 1810, la resistencia nacional contra los franceses fue dirigida por las Cortes de Cádiz, cuerpo representativo que estaba integrado por hombres honrados y liberales, pero sin experiencia alguna. Desde el principio, las Cortes se aventuraron en una política doméstica que amenazaba a la Inquisición. La decisión en favor de la libertad de prensa privó al Santo Oficio de la censura y al mismo tiempo desamordazó a los enemigos de la institución, tales como Antonio Puigblanch, quien, con el raro seudónimo de Natanael Jomtob, escribió en esta época su libro *La Inquisición sin máscara*. Pero el Santo Oficio tenía también sus defensores, que arguyeron (tal como antaño) qué España se había salvado de desastres como el luteranismo y el volterianismo gracias a su intolerancia; denunciaban a los hostiles al Santo Oficio como jacobinos.

Pronto, en 1813, después de prolongadas y violentas discusiones, las Cortes votaron por una gran mayoría que la Inquisición era incompatible con la nueva Constitución liberal, y que la jurisdicción sobre herejía debía ser confiada a los tribunales episcopales. Se ordenó que se leyese en todas las parroquias, durante tres domingos consecutivos, una declaración justificando la clausura de la Inquisición. Éste fue un hecho impolítico. El prolijo manifiesto en el que se atribuía la decadencia del país a la influencia de la Inquisición, ocasionó un difuso resentimiento, aunque alguna ciudad, como Madrid, felicitó a las Cortes por haber puesto fin a una institución que transformaba los hombres en fieras e impedía el progreso de las artes y de las ciencias en España.

Esta supresión de la Inquisición duró menos de dieciocho meses; la restauración de Fernando VII fue una seria contrariedad para la causa del liberalismo español. Fernando juró mantener la Constitución de 1812, pero como hombre vil y despreciable, su palabra no ofrecía garantía alguna. Rodeado como estaba de "hombres de ideas góticas", según expresión de Llorente, pronto se convenció de que el restablecimiento de la Inquisición era necesario, tanto para el bien de la religión como para el fortalecimiento de la monarquía. El 4 de mayo de 1814 anuló toda la actuación de las Cortes de Cádiz, cosa que significaba la invalidación de la Constitución de 1812, y de manera tácita, el renacimiento de la Inquisición; el 21 de julio, el Rey anunció que los tribunales de aquélla iban a reasumir sus funciones. Explicó que el restablecimiento era necesario debido al daño causado a la religión por la presencia en el país de tantos soldados extranjeros herejes durante la guerra de la independencia.

El último capítulo de la historia de la Inquisición es breve. El mal gobierno de Fernando originó una conspiración tras otra. Al fin, el levantamiento de Riego y de Antonio Quiroga triunfó en 1820, y el mismo día —9 de marzo—, el Rey renovó su juramento a la Constitución de 1812 y publicó un decreto aboliendo la Inquisición. Pero el nuevo régimen ni era popular ni afortunado, y además tuvo que enfrentarse con el Rey, que de manera solapada iba debilitando las restricciones que se habían impuesto a su poder. Cuando en 1822 los representantes de las grandes potencias estaban reunidos en Verona para discutir los problemas europeos. España, una vez más, había sido reducida a la anarquía. Con la aprobación de Rusia y Austria, aunque no de la Gran Bretaña, un ejército francés al mando del Duque de Angulema penetró en España; sin encontrar apenas resistencias, en abril de 1823 devolvió a Fernando el pleno ejercicio del poder real. Acto seguido, el Rey publicó varios decretos invalidando todo lo que había hecho desde marzo de 1820. ¿Involucraba esto la restauración de la Inquisición? En ausencia de norma concreta sobre este punto, uno o dos de los tribunales reasumieron sus actividades menores a modo de tentativa.

Pero la Inquisición no se restauró. Se le hizo ver de manera clara a Fernando que los franceses, a los que debía su salvación, se oponían con toda fuerza a este proceder. Chateaubriand, que había sido el principal inspirador de la expedición, protestó enfáticamente contra cualquier deshonra a la victoria alcanzada por las armas francesas. Sin embargo, la persecución de la herejía en la Península no terminó totalmente, y los tribunales episcopales, bajo el título de *Juntas de fe*, con el procedimiento secreto característico de la Inquisición, ejercieron jurisdicción en asuntos relativos a las creencias. La última ejecución por herejía, nunca vista en Europa, tuvo lugar el 26 de julio de 1826, cuando un pobre maestro de escuela de intachable conducta, llamado Cayetano Ripoll, fue ahorcado por deísta impenitente. Su cadáver, encerrado en un barril que llevaba pintadas llamas rojas —para que de cualquier modo, aunque fuese sólo simbólicamente, se cumpliese con el antiguo precepto —, fue enterrado en lugar profano.

Transcurrieron otros cuarenta y tres años, en los cuales España sufrió la miseria de las guerras carlistas y el vergonzoso reinado de Isabel II, antes de que el principio de tolerancia religiosa fuese introducido por primera vez en su Constitución, el 6 de junio de 1869.

X

CONCLUSIÓN

PARA MUCHOS, la frase: "Inquisición española" lleva aparejada una idea de crueldad que repugna a cualquier sensibilidad. Fue objeto de intensa aversión por parte de generaciones enteras de ingleses. Cuando España, en el siglo XVI era el enemigo nacional los comerciantes y bucaneros ingleses, que habían sido encerrados en las prisiones secretas y sometidos a tortura en la Península o en los dominios españoles de Ultramar, llevaron a su país espeluznantes relatos de sus horrores. Cuando el fanatismo antipapista estaba en auge, en la segunda mitad del siglo XVI, aquel sentimiento se acrecentó aún más con la publicación de descripciones del Santo Oficio como la de Dugdale, *Narrative of Popish Cruelties*; la de Beaulieu, *The Holy Inquisition* (con un apéndice dedicado a la intriga papal), y la de Dellon, *History of the Inquisition as is practised at Goa*. A la luz del racionalismo del siglo XVIII, fuese inglés o francés, la Inquisición española aparecía como una barbarie de dementes.[19] En el siglo XIX los más conocidos historiadores que escribieron en lengua inglesa sobre España, tales como Frounde, Motley y Prescott, eran enemigos declarados de la Iglesia Católica Romana, y al mismo tiempo la mayoría de los libros dedicados concretamente a la Inquisición española tuvieron un carácter esencialmente proselitista y eran a menudo poco más que panegíricos a los mártires protestantes de España. No se hizo gran cosa antes de mediados del siglo pasado, tanto por parte de los católicos como de los protestantes, para un estudio desapasionado de la Inquisición papal y de la española.

---

[19] El odio de Voltaire se expresa en sus bien conocidos versos:

Ce sanglant tribunal,
Ce monument de pouvoir monacal,
Que l'Espagne a reçu, mais elle même abhorre:
Qui venge les autels, mais qui les déshonore;
Qui, tout couvert de sang, de flammes entouré,
Égorge les mortels avec un feu sacré.

No podemos llegar a comprender el fenómeno del Santo Oficio, ni aun dar razón de su existencia, a menos que hagamos un esfuerzo para apreciar la mentalidad de los que lo fundaron y de los que lo nutrieron y sostuvieron. El caso de la Inquisición española fue presentado, no muy felizmente, por De Maistre, en sus famosas *Lettres à un gentilhomme russe sur l'Inquisition Espagnole*; con gran acierto, por Balmes en *El protestantismo comparado con el catolicismo*, y por Menéndez y Pelayo, en su *Historia de los heterodoxos españoles*.

Sus razonamientos pueden resumirse de la manera siguiente. La tolerancia es la fácil virtud del escéptico que ni cree ni confía en nada. En la época en que se fundó y floreció la Inquisición española todo el mundo creía en algo y, por tanto, todos eran intolerantes. Protestantes como Calvino y la reina Isabel de Inglaterra aprobaron y llevaron a la práctica la persecución. Pero para el católico la cuestión del trato de la herejía es más profunda que aquellas consideraciones de mera conveniencia política que movían a la reina Isabel. Para él es axiomático el que las opiniones erróneas son tan justamente merecedoras de castigo como las malas acciones; aún más, porque los actos malos son simplemente las consecuencias inevitables de los malos pensamientos, y la conducta de un hombre es el reflejo de su carácter, al mismo tiempo que éste se forma mediante sus conceptos de los deberes para con Dios y para con sus semejantes, es decir, lo que nosotros llamamos religión. La herejía, que significa ideas equivocadas acerca de la religión, es, por tanto, un grave delito al mismo tiempo que un pecado, porque pone en peligro la existencia misma de la sociedad civil, que se basa, en último término, en la verdadera aprehensión de Dios y de la justicia. La tolerancia, cuando se trata de las cuestiones vitales del alma, es mera indiferencia a la fundamental disparidad entre la verdad y la falsedad, el bien y el mal. Si se objeta que no podemos estar seguros de qué es lo verdadero y de qué es el bien, la respuesta es la de que nadie que acepte la revelación cristiana puede tener duda alguna sobre tal punto. La Iglesia, plenamente segura de que descansa sobre funda-

mentos de roca, tiene una autoridad tan firmemente establecida, tan absoluta, que no hay lugar a escrúpulos de conciencia acerca de su razón en el mantenimiento de la
verdad y en el castigo de los que se rebelan contra ella.

No es sólo la Iglesia la que ha apreciado la perversidad
fundamental de la herejía. Desde el Código de Teodosio,
el poder secular había sostenido siempre que el individuo
no debe tener libertad de discutir cuestiones teológicas, ni
de mantener cualquier opinión que le atraiga, pues reconocía que los problemas teológicos no son simplemente
académicos, sino que conciernen de manera vital al organismo político, aunque sólo sea porque el derecho de ordenar la vida familiar, que es esencial para el bienestar del
Estado, depende de la existencia de sanos principios religiosos.

La Inquisición está asociada a menudo con la idea de
crueldad bárbara, como si el uso de la tortura fuese característico de ella. Es cierto que la Inquisición de España
utilizaba la tortura normalmente y tenía fama de alcanzar
señalados triunfos al sacar la verdad a la gente triturándole
los huesos, como apunta Cervantes en el *Quijote*; pero utilizaba simplemente la misma clase de métodos para extraer
la evidencia que los acostumbrados por los tribunales seculares, no sólo en España, sino en la Escocia protestante,
por ejemplo, cuando todavía se aplicaban las empulgueras
y la calza en los tribunales del siglo XVI.

El *odium theologicum* ocupa un importante lugar en
las polémicas sobre la Inquisición española, y se ataca a la
Iglesia Católica Romana por las crueldades practicadas por
los tribunales. Pero en el siglo XVI, como sostiene Balmes,
cuando todas las naciones utilizaban el fuego y la espada
para solventar sus querellas religiosas, no escandalizó a las
ideas dominantes de la época el espectáculo de los sufrimientos impuestos, por sus opiniones, a los disidentes religiosos. Uno de los más brillantes eruditos españoles de
aquella época sacrificado por sus opiniones heterodoxas es
Servet, pero fue quemado no en España, sino en la calvinista Ginebra, y su ejecución fue aprobada por Melanchton
y Beza. En 1612, Edward Wightman y Bartolomé Legate

fueron declarados culpables de sustentar ideas heréticas, siendo quemados en Lichfield y Smithfield, respectivamente. La Inglaterra protestante no censuró este proceder. Por una ordenanza de 1648, contra la blasfemia, todos los que negaban la divinidad de Cristo, la doctrina de la Trinidad y la existencia de un más allá, podían ser condenados a pena de muerte. El hecho de que a la publicación de esta ordenanza no siguiesen ejecuciones no altera la verdad de que la actitud de sus puritanos autores no era muy distinta de la de Torquemada. Mientras la Inquisición española era, por lo general, singularmente razonable en el trato dado a la brujería, considerando las cosas del Sabbat como un engaño, los protestantes escoceses torturaron atrozmente y quemaron a miles de desgraciadas mujeres tildadas de brujería. Nos estremecemos ante la idea del castigo de la hoguera; recordemos que aun en 1726 una mujer llamada Catalina Hayer fue quemada vida en Tyburn por asesinato de su marido. Nos horrorizamos ante la descripción de las mazmorras secretas de la Inquisición española, pero ¿son acaso más espantosas que las prisiones inglesas antes que Howard empezase su movimiento de reforma?

Consideraciones como éstas no son sólo pertinentes, sino esenciales para una verdadera comprensión de la Inquisición española, porque no podemos apreciar ninguna institución en una perspectiva adecuada si la consideramos aisladamente. En ninguna ocasión es más necesario recordar la parábola de la viga y la paja que en el estudio de la historia de la persecución religiosa. Los defensores de la Inquisición española están autorizados para invocar el *tu quoque* contra muchos de sus adversarios.

Les asiste también la razón al repudiar la extendida opinión expresada en la frase de Prescott de que España, en el siglo XVI, era un país "en tinieblas", y que en la época en que la Inquisición tenía más poder, España era, a consecuencia de su intolerancia, un país de ignorancia y obscurantismo. Esta idea es una grotesca parodia de la realidad, y sólo puede basarse en el desconocimiento de los hechos, puesto que lo cierto es que el siglo XVI es la época de mayor gloria de España, tanto en la esfera del pensamiento como en la de la acción. Salamanca y Alcalá se contaban entre las ilustres universidades de Europa. De los humanistas de Europa ninguno, salvo el mismo Erasmo, fue más brillante que Juan Luis Vives, tan admirado por aquél. Francisco Sánchez no fue menos distinguido. Francisco de Vitoria, predecesor de Grocio, Domingo de Soto y Francisco Suárez, fueron los más grandes maestros en la jurisprudencia de su tiempo, y este último "prodigio y oráculo de esta época", como se le llamó, fue filósofo y teólogo. Hubo también destacados pensadores entre los jesuitas españoles, como Molina y Fonseca. En las letras clásicas, teología, filosofía y derecho, España dio algunos de los hombres más originales y destacados del siglo. La época siguiente puede haber sido una era de decadencia política; pero no fue una cultura decadente la que creó *Don Quijote*, los más grandes poemas de Lope de Vega, los dramas de Calderón y las obras maestras del Greco, Ribera y Velázquez.

Es un error considerar a los inquisidores como hombres ignorantes u hostiles al saber. Jiménez, fundador de la Universidad de Alcalá y editor de la Biblia poliglota, fue uno de los hombres más cultos de su tiempo; Manrique y Sandoval tenían amistad con Erasmo; Valdés fundó la Universidad de Oviedo; Quiroga fue también un distinguido erudito. Si la Inquisición tomó a su cargo la censura de libros, fue sólo en cumplimiento de una función comprendida por el Estado en España y en todos los demás países, por lo menos hasta fines del siglo xvii y en muchos casos hasta después. La Inquisición española, dice Menéndez y Pelayo, no era enemiga de la cultura; era la conservadora de la cultura, de la civilización de mentalidad religiosa característica del país contra los insidiosos peligros internos de elementos extraños y subversivos, y contra la penetración de fuerzas destructoras y nocivas del exterior. El Santo Oficio ayudó a conservar no sólo la verdadera religión, sino el sano pensamiento, a mantener a raya la perniciosa falacia protestante de la predestinación, que al quitar importancia a la libertad individual es enemiga del desenvolvimiento de la personalidad, necesario para lograr la grandeza en las artes imaginativas y en las más elevadas ciencias. "En donde reina el luteranismo mueren las letras", decía Erasmo. España, defendiéndose contra el cisma de Alemania y el libertinaje de Italia, fue el principal factor de la reforma interna de la Iglesia, de la gran obra que realizó en el Concilio de Trento y de la creación, con la Compañía de Jesús de una gran fuerza moral e intelectual, que restableció el gran principio del libre albedrío, reorganizó la educación, colocó, una vez más, las ciencias bajo el escudo de la religión y purificó de su paganismo al Renacimiento. La Inquisición debe considerarse como la tercera de las grandes contribuciones de España a la campaña contra la anarquía intelectual y a la reforma de la Iglesia. El índice moral del clero, tanto regular como secular, era en España más elevado que en cualquier otra parte, en cierto modo debido a la celosa energía de Jiménez, Pedro de Alcántara, Juan de la Cruz y Santa Teresa, pero también a la temida autoridad de la Inquisición que atacaba no sólo a los herejes seglares, sino a los clérigos pecadores.

Hemos hecho una tentativa de reproducir fielmente la descripción de la Inquisición española presentada por sus defensores más hábiles. Veamos el reverso del cuadro. Hay que señalar, en primer lugar, que aun sus más celosos defensores de hoy no tratan de justificar todos sus actos. El humanitarismo moderno hace completamente imposible este método. En la historia de la Inquisición española existen rasgos que ninguna defensa puede justificar ante la conciencia del mundo moderno. La tentativa de una defensa sin reservas fracasaría inevitablemente en la consecución de su objeto. Juzgados a la luz de los conocimientos del hombre culto, muchos de sus actos deben ser condenados; sólo colocándolos en función de las normas de una época pasada, pueden ser excusados. Si bien es esencial adoptar un criterio histórico para abordar un tema como el de la Inquisición española y para tratar de apreciar sus puntos de vista que, de cualquier modo, nos son extraños y aun quizás odiosos, no debemos flaquear en nuestros propios ideales, ni encariñarnos con las ideas de una época pasada hasta el punto de caer en el proceso casuístico de "hacer que la mala causa aparezca como buena". Hubo indignados censores de los abusos de la práctica inquisitorial en cada período de su historia, pero si sus severas críticas están de acuerdo con los conceptos ilustrados de derecho y justicia, debe deducirse que sus críticas eran justas. Si prescindimos de los ataques de los protestantes contemporáneos, basándonos en que se debían a su prejuicio religioso, y de las otras jurisdicciones competentes de la época, fundándonos en que se derivaban de la envidia, nos quedan todavía las censuras de los buenos católicos que no estaban movidos por semejantes motivos, por ejemplo, Mariana, que criticó las crueldades infligidas a los inocentes por las prácticas inquisitoriales, y Cervantes, que en el famoso capítulo del *Quijote* en el que el sacerdote examina los libros de la biblioteca del hidalgo y en otros diversos pasajes, ridiculiza sus métodos de censura, su ignorancia y su credulidad.

El principal significado del Santo Oficio en la historia interna de España se basa en la persecución de moros y judíos. Era un instrumento para acosar a los que habían sido forzados a aceptar una religión ajena, de la que, con frecuencia, recibían poca instrucción y tenían escasos motivos para amar. El espíritu de hostilidad manifestado contra estas dos razas durante el reinado de Fernando e Isabel, ocasionó la expulsión de los que permanecían fieles a su antiguo credo, e hizo la vida imposible a los convertidos. Acabó con las relaciones amistosas entre las razas, que, a pesar de las guerras contra los moros, prevalecieron durante la Edad Media, impidiendo una unión cordial. La política de proscripción, al mismo tiempo que contribuía temporalmente a aumentar los ingresos de la Real Hacienda, empobrecía al país al expulsar a algunos de sus más laboriosos y adaptables de sus habitantes. Para un Rey como Felipe II, la uniformidad del país parecía de mayor trascendencia que su bienestar económico. La uniformidad religiosa se protegía, pero al duro precio del perjuicio industrial.

La decadencia de España, frecuentemente atribuida a

la existencia de la Inquisición, casi como cosa sobreentendida que no requiere razonamientos ni demostración, se debió primordialmente a un débil sistema industrial y a una política económica muy equivocada, y a "una incapacidad para las cuestiones económicas que parecía casi estimulada".[20] Grandes regiones del país, particularmente Castilla, eran estériles; se tendía a descuidar la agricultura, aun cuando las condiciones eran favorables; y el acopio de metales preciosos de las minas del Perú y México elevaba el precio de los productos en un pueblo formado principalmente por campesinos. Estos males aumentaron con la expulsión de los habitantes no cristianos, que no se debió a la Inquisición. Es también absolutamente cierto que el Santo Oficio causó daños económicos por su sistema de confiscaciones. La confiscación automática de los bienes del hereje atraía a la Corona, pues enriquecía los ingresos reales al mismo tiempo que sufragaba los gastos de la Inquisición; pero sólo una visión mezquina podía encontrar en estas constantes calamidades particulares un beneficio para el Estado. Eran, en efecto, una capitación de índole nociva que privaba al país de los recursos necesarios para su desenvolvimiento; al mismo tiempo, la inevitable inseguridad en cuanto a las personas a quienes afectaría el próximo golpe era perjudicial para el crédito y para la confianza que son indispensables a todo comercio.

Otro de los males en la vida de España a los que contribuyó, sin duda, la Inquisición, fueron los deplorables conceptos de *limpieza* y *mala sangre*.[21] El culto al primero estableció el más pernicioso sistema de casta imaginable. La sangre no contaminada valía más que la capacidad, de manera que se impedía al país sacar pleno provecho de sus recursos naturales humanos. Los filántropos modernos miran con interés el constante estigma arrojado sobre el mal-

---

[20] R. H. Tawney, *Religion and the Rise of Capitalism* (1926), p. 72.

[21] En los catálogos publicados de todos los casos presentados ante el tribunal de Toledo, 330 páginas están dedicadas a los juicios de herejía, bigamia, etc.; 348 a investigaciones de *limpieza*.

hechor, y después que ha expiado su delito tratan de ayudarle a reanudar la vida como un miembro honorable de la sociedad. La Inquisición no sólo deshizo la vida del culpable, sino que castigó a generaciones de descendientes inocentes. Así el daño se causaba a la comunidad en general y a muchos desgraciados hogares.

También es vano decir que la Inquisición y su sistema de censura no perjudicaron el desarrollo intelectual de España. Dejó muchos campos libres para la investigación y la especulación, pero cerró otros por completo. La actividad intelectual estaba condicionada y dirigida por una fuerza que se ocupaba, no del progreso, sino de restricciones e inhibiciones. La mentalidad audaz y aventurera estaba sujeta a la influencia represiva de aquellos que, si verdaderamente no miraban con desdén la aventura, no tenían ningún deseo de alentarla. No podía desplegar sus alas, tomar parte en la investigación o la controversia relativa a los problemas últimos de la existencia. Eruditos que aborrecían la misma idea de herejía, a veces eran encarcelados durante meses y aun años, al mismo tiempo que sus obras se sometían a juicio de censores que intelectualmente eran inferiores a ellos. Se mencionan escritores como Fray Luis de León, San Juan de la Cruz, El Brocense, para probar que la Inquisición no perjudicó a la vida intelectual del país. Pero los tres, como otros, tuvieron que comparecer ante la Inquisición; algunos de ellos vieron interrumpido su trabajo durante amargos períodos de encarcelamiento y destruida su paz espiritual por la tortura del proceso inquisitorial. Un sistema que trataba de esta manera a algunos de los grandes escritores y pensadores de quienes ahora España está orgullosa con razón, era claramente perjudicial para las ciencias y las letras. Cuando hombres de gran reputación y de vida intachable podían ser llevados ante la Inquisición, quizás solamente por alguna descuidada expresión, muchos debían haberse persuadido de que era mejor guardar silencio y no manifestar en absoluto los pensamientos irreflexivos. El padre Mariana, que critica el modo con que la Inquisición hacía sufrir al inocente, lamenta también la privación de la libertad de palabra que imponía. Juan de Luna, que en 1620 escribía acerca de la ignorancia de sus compatriotas, la considera excusable porque los inquisidores eran sus causantes. Como el viento mueve las hojas, así el mismo nombre de la Inquisición hace temblar a cualquiera.

Esto ocasiona, quizás, uno de los más odiosos rasgos del sistema inquisitorial. Deliberadamente creó y difundió una atmósfera de miedo y de sospecha. Mediante los *edictos de fe* declaró la delación sistemática como un acto laudable; la supresión de los nombres de los testigos hizo de la delación una cosa fácil y sin peligro. Colocaba a los distinguidos a merced de los vulgares, a los valientes a merced de los cobardes, a los nobles de corazón a merced de los maliciosos. Las virtudes de la confianza mutua, la comprensión y la simpatía, se desaprobaban. No sólo eso, sino que era un rasgo perfecto del sistema, el hecho de que incurrir en sospecha se convertía virtualmente en un delito. Era casi imposible para un hombre salir del tribunal, ante el que había sido difamado, sin una mancha en su reputación. La cuestión que los inquisidores decidían no era la de "culpabilidad o no culpabilidad", sino "el grado de culpabilidad".

Los rasgos característicos del proceso inquisitorial chocan con las modernas concepciones de la justicia y la equidad. Todo el peso de la prueba caía sobre el acusado, quien al mismo tiempo estaba privado de medios para defenderse con efectividad. La atmósfera llena de secreto, la prohibición de todo contacto entre el procesado y sus familiares y amigos; la supresión de los nombres de los testigos; la ausencia de un defensor realmente eficaz; la falta de oportunidad para las preguntas; el uso de la tortura y la lentitud agotadora del proceso que destrozaba los nervios, todos estos inconvenientes se combinaban para hacer extraordinariamente difícil al acusado demostrar su inocencia. Había una sola salida que casi no presentaba obstáculos insuperables; hacer lo que la Inquisición desease, confesar que los cargos contra él eran ciertos, declararse penitente y ser reconciliado.

Para la casi totalidad de las gentes, la mayor infamia

vinculada a la Inquisición es el uso de la hoguera. Es cierto que el Santo Oficio rechazaba toda responsabilidad por la muerte del hereje a quien ella entregaba al brazo secular. Pero esto era pura formalidad, y los autores de manuales y tratados inquisitoriales no dudaban en declarar que la muerte en la hoguera era el único castigo justo y adecuado para el hereje obstinado o relapso. La Inquisición española tenía menos repugnancia en llevar al reo a la hoguera que la Inquisición medieval o que la romana; aunque, como hemos visto, los archivos no permiten estimar el total de personas que fueron quemadas, podemos decir, sin temor a equivocarnos, que en las primeras décadas de la institución podían contarse por miles. De modo reconocido, los holocaustos eran mucho más frecuentes en tiempos de Torquemada y sus inmediatos sucesores, que en ningún período posterior, y las relajaciones eran pocas y distanciadas en la época de decadencia de la Inquisición. Aun en el mejor supuesto, el Santo Oficio en España tiene un terrible historial de destrucción. Balmes, anque aprueba la existencia y la labor de la Inquisición española, considera que podía haber preservado eficazmente al país de los peligros del Islam, y el judaísmo y el protestantismo sin utilizar la hoguera, y lamenta que facilitase la oportunidad de declarar culpable a la Iglesia del derramamiento de sangre.

Finalmente, puede alegarse en contra de la Inquisición española su responsabilidad por el daño moral causado. En primer lugar, tendió a falsear los valores morales. Sacerdotes que eran declarados culpables del delito especialmente repelente de utilizar el confesonario para fines inmorales, eran castigados con penas leves. Es cierto que la Inquisición era un tribunal para conocer los delitos de herejía y no los de inmoralidad; pero, por otro lado, trató de obtener competencia absoluta en estas causas, y el resultado fue que se imponían castigos inadecuados. En segundo lugar, los espectáculos que la Inquisición exhibía deliberadamente para advertencia o solaz del público —los azotes por las calles, los horrores del brasero—, eran tan degradantes para los espectadores como crueles para los que los sufrían. Lo lamentable de esto no es que el Santo Oficio fuese peor que los tribunales seculares, sino que hubiese podido ser mejor. Es una horrible incongruencia que semejante sistema haya sido aplicado por los ministros de Cristo y en Su nombre.

Pero si es necesario prorratear la responsabilidad de tales errores, seamos justos. No fue la Inquisición sola la que llevó a espantosos extremos las consecuencias de la convicción de la suprema importancia de la ortodoxia. Cuando Zwinglio habla en un vivo pasaje de la asamblea reunida en el paraíso con todos los santos, héroes, creyentes —Abel y Enoc, Noé, Abraham e Isaac; junto con Sócrates, Arístides, Numa, Escipión y Catón—, Lutero desespera de la salvación del propio Zwinglio. Ninguna época, religión, ni país, ha tenido un monopolio de actos crueles realizados por los más elevados motivos. La historia de la Inquisición española es terrible, pero más que eso es trágica. Algunos de sus funcionarios pueden haber sido desenfrenadamente crueles e indignos de lo que sus mejores miembros consideraban una elevada vocación; pero, por otra parte, hubo inquisidores de la mejor conducta y de las más puras intenciones, que creían de todo corazón que estaban comprometidos en la defensa de la Iglesia de Dios y de Cristo, contra los ataques del diablo. Así también, entre los procesados había, sin duda, algunos que eran justamente castigados por su vida perversa y sus opiniones perniciosas, y otros de elevada conducta, sinceros o no en el credo que profesaban, que cuando llegaba la prueba, demostraban su poca firmeza; pero había otros que persistían hasta el fin y morían mártires de la causa de su devoción, íntimamente convencidos de su verdad. En el choque entre hombres nobles de diferente credo, entre diferentes concepciones de la verdad, entre ideales antagónicos de unidad de fe religiosa y de integridad intelectual; en la ruindad de los equívocos, en las crueldades, en los sufrimientos y en el heroísmo que se originan de estos antagonismos espirituales, es donde radica el interés imperecedero de la historia de la Inquisición española.

NOTA BIBLIOGRÁFICA

Los **procesos** originales de los juicios inquisitoriales se encuentran en los grandes archivos de España: Simancas, Madrid, Barcelona, etc. En la *Colección de Documentos inéditos para la historia de España*, vols. v, x y xi, han sido publicados algunos de los más importantes procesos, por ejemplo, de Carranza, Fray Luis de León y El Brocense. Otros extractos de estas fuentes se hallarán en la *History of the Inquisition of Spain* (Nueva York, 1905); de Lea, en *Procedimientos de la Inquisición* (2 vols., Madrid, 1886), vol. ii, de J. M. Marín; *Records of the Spanish Inquisition* (Boston, 1826), son extractos de los procesos del tribunal de Barcelona.

El *Tractatus Universi Juris* (vol. xi, pt. 11, Venecia, 1584), de Zilettus, contiene varios manuales importantes sobre la Inquisición, tales como el de Simancas, *De Catholicis Institutionibus*, con notas de Peña —un acabado compendio relativo a ítem de procedimiento, etc., en orden alfabético; el de J. à Royas, *De Haereticis*; el de Albertini (Inquisidor siciliano), *Tractatus de agnoscendis assertionibus catholicis et haereticis*; el de López de Palacios, *Allegatio in materia haereticis*; el de Villadiego, *Tractatus contra haeretican pravitatem*.

Véase Ludovico à Paramo (otro Inquisidor siciliano), *De origine et progressu Sanctae Inquisitionis* (Madrid, 1598), Libro ii, dedicado a la historia de la Inquisición en todos los dominios españoles. Para la Inquisición papal de la Edad Media en Aragón, la gran autoridad es Nicolás Eymeric, con su *Directorium Inquisitorum* (Roma, 1585; Venecia, 1607). Peña, que anotó tratados inquisitoriales, escribió uno bajo el título de *Inquirendorum haereticorum Lucerna* (Madrid, 1598).

La primera obra contra la Inquisición de España es la de González de Montes, *Inquisitionis Artes Detectae* (Heidelberg, 1567). Fue traducida a varios idiomas europeos antes de fines del siglo xvi, pero no apareció en España hasta 1581. La versión inglesa (1569) lleva el título de *Discovery and Playne Declaration of Sundry Subtile Practices of the Holy Inquisition of Spayne*. En los siglos xvii y xviii aparecieron muchas obras protestantes, por ejemplo, la de R. Dugdale, *Narrative of Popish Cruelties* (Colección Harleian, vol. vii); *History of the Inquisition with an account of the cruelties exercised therein*, y folletos análogos pueden encontrarse en el Museo Británico, est. 866g, 6 y 7 (cf. también "The Loyal Martyrs". *Roxburghe Ballads*, vol. iii, p. 605); la de L. de Boileau, *The Holy Inquisition* (1681); la de J. Marsollier, *Histoire de l'Inquisition* (traducción inglesa por Chandler, 2 vols., 1731); la de John Marchant, *A Review of the Bloody Tribunal... of the Inquisition* (1770). J. A. Llorente escribió su famosa y hostil *Historia de la Inquisición*, en París. Versión francesa original, 1817; inglesa, 1818 (resumida, 1826); española, 1835-36. También muy contraria a la Inquisición es la obra de A. Puigblanch, *La Inquisición sin máscara*, 1811, y la *History of the Inquisition* (1866), de W. H. Rule.

En tipo de historia moderna tenemos la de H. C. Lea, *History of the Inquisition of Spain* (4 vols., 1922). Véase también sus *Chapters from the Religious History of Spain* (1890); *The Inquisition in the Spanish Dependencies* (1908), y para la Inquisición medieval en España, *The Inquisition of Middle Ages* (3 vols., 1887), vol. II, pp. 162-90. Hay que ser indulgente con la parcialidad anticatólica manifestada por Lea, pero, por otro lado, no se ha hecho nada comparable en la investigación científica y todas las obras sobre la materia, tales como la presente, le están reconocidas. Véanse los artículos de S. Reinach, en *Revue Critique*, 1906, 1907 y 1908. Una narración popular muy amena sobre los primeros tiempos de la Inquisición es el libro de R. Sabatini, *Torquemada y la Inquisición española* (1913).

Para el punto de vista católico véase J. M. de Maistre, *Lettres à un gentilhomme russe sur l'Inquisition espagnole* (1844); J. Balmes, *El protestantismo comparado con el catolicismo*; Menéndez y Pelayo, *Historia de los heterodoxos españoles* (3 vols., 1880-81). Hay edición actual (Buenos Aires, 1945); R. Cappa, *La Inquisición española* (1888).

Sobre los moriscos véase Conde Albert de Circourt, *Histoire des maures, mudejares et des morisques* (3 vols., Parí-, 1846); D. F. Jance, *Condición social de los moriscos en España* (Madrid, 1857); H. C. Lea, *The Moriscos of Spain* (1901).

Sobre los judíos: A. de Castro, *Historia de los judíos en España*; J. Amador de los Ríos, *Historia social, política y religiosa de los judíos en España y Portugal* (3 vols., 1875-76). Se ha reeditado en Buenos Aires (1943, 2 vols.). J. Jacobs, *An Inquiry into the Sources of the History of the Jews in Spain* (1894); E. N. Adler, *Auto de fe and Jew* (1908).

Entre los numerosos trabajos sobre el protestantismo español pueden recomendarse los siguientes: M. Geddes, *Spanish Protestant Martyrology* (1730); T. McCrie, *History of the Progress and Supression of the Reformation in Spain* (1829); A. de Castro, *Los protestantes españoles y la persecución de Felipe II*; C. A. Wilkens, *Spanish Protestants in the Sixteenth Century* (versión inglesa, 1897); E. Schäfer, *Beiträge zur Geschichte des Spanischen Protestantismus* (3 vols., Gütersloh, 1902); E. Boehmer, *Bibliotheca Wiffeniana: Spanish Protestants of two Centuries* (3 vols., 1874-1904). Esta última es la más valiosa.

Sobre los místicos: P. Rousselot, *Les Mystiques espagnols* (París, 1867); E. Allison Peers, *Spanish Mysticism* (1924); *Studies of the Spanish Mystics* (2 vols., 1927, 1931); A. F. G. Bell, *Luis de León* (1927); J. Cuervo, *Fray Luis de Granada y la Inquisición* (Salamanca, 1915); R. P. P. Dudon, *Le quiétiste Espagnol Michel Molinos* (París, 1921): P. Sáinz Rodríguez, *Introducción a la*

Historia de la literatura mística en España (Madrid, 1926), especialmente pp. 246-56.

Sobre la censura: Reusch, *Der Index der verboten Bücher* (3 vols., Bonn, 1883-85).

Sobre la Inquisición en las dependencias españolas: Lea (ut supra); los trabajos de J. T. Medina, sobre la Inquisición en Chile, publicados en Santiago de Chile (2 vols., 1890); en Cartagena (1899); en las Filipinas (1899), y sobre la primitiva Inquisición en América (2 vols., 1914); *Documentos inéditos... para la historia de México* (vol. XXVIII, 1910); *English Merchants and the Inquisition in the Canaries* (1912), de A. B. Wallis Chapman; *Il Santo Officio della Inquisizione in Napoli* (2 vols., 1892), de L. Amabile.

Los siguientes trabajos pueden también consultarse para la historia religiosa de España: A. Bernáldez, *Historia de los Reyes Católicos* (Sevilla, 1870); H. del Pulgar, *Crónica de los Reyes Católicos* (Valencia, 1780); G. Zurita, *Anales de la Corona de Aragón* (6 vols., Zaragoza, 1610); D. Ortiz de Zúñiga, *Anales eclesiásticos... de Sevilla* (Madrid, 1677); J. de Mariana, *Historia general de España*; W. H. Prescott, *History of the Reign of Philip II* (3 vols., Boston, 1855-59. Trad. española —parcial—, C. Rosell, Madrid, 1856-57), e *History of the Reign of Ferdinand and Isabella* (3 vols., Londres 1838. Hay dos traducciones españolas de P. Sabau, Madrid, 1845-46, y de A. Calvo, Madrid, 1855); M. A. S. Hume, *Spain its Greatness and Decay* (1899, última edición, 1945); R. Altamira y Crevea, *Historia de España y la Civilización española* (4 vols., Barcelona, 1900 y 1911). Hay ediciones posteriores; y *La psicología del pueblo español* (Madrid, 1902); A. Ballesteros, *Historia de España* (5 vols., Barcelona, 1918-29); R. B. Merriman, *The Rise of the Spanish Empire* (3 vols., 1918-25).

ÍNDICE DE NOMBRES

ÍNDICE GENERAL

Este libro se terminó de imprimir y encuadernar en el mes de marzo de 1994 en Impresora y Encuadernadora Progreso, S. A. de C. V. (IEPSA), Calz. de San Lorenzo, 244; 09830 México, D. F. Se tiraron 3 000 ejemplares.

Boyd, Waldo T. *Oceanología.*
Braidwood, Robert. *El hombre prehistórico.*
Brushwood, John Stubbs. *México en su novela.*
Bruun, Geoffrey. *La Europa del siglo XIX. 1815-1914.*
Buber, Martin. *Caminos de utopía.*
Buber, Martin. *¿Qué es el hombre?*
Burdin, Jean-Claude y Émile de Lavergne. *Las bacterias.*
Burke, Kenneth. *Retórica de la religión. Estudios de logología.*
Burnet, Sir Macfarlane. Genes, sueños y realidades.

Caglar, Hughette. *La psicología escolar.*
Caillois, Roger. *La cuesta de la guerra.*
Copland, Aaron. *Cómo escuchar la música.*
Copleston, Frederick Charles. *El pensamiento de Santo Tomás.*
Cornut, Guy. *La voz.*
Corraze, Jacques. *La terapéutica en sexología.*
Corvez, Maurice. *La filosofía de Heidegger.*
Cossío del Pomar, Felipe. *El mundo de los incas.*
Crabbe, Katharyn F. *J. R. R. Tolkien.*

Dewey, John. *Naturaleza humana y conducta.*
Dickson, F. P. *La bóveda de la noche.*
Dilthey, Wilhelm. *Historia de la filosofía.*
Dobzshansky. *Herencia, raza y sociedad.*
Dorfles, Gillo. *El devenir de las artes.*
Droz, Rémy y Maryvonne Rahmy. *Cómo leer a Piaget.*
Dubos, René. *Los sueños de la razón.*
Dunn, John. *La teoría política de Occidente ante el futuro.*
Dunn, Leslie Clarence y Theodosius Grigorievich

Fromm, Erich. *Marx y su concepto del hombre.*
Frondizi, Risieri. *Introducción a los problemas fundamentales del
    hombre.*
Frondizi, Risieri. *¿Qué son los valores?*
Fusfeld, Daniel Ronald. *La época del economista.*

Gall, Jacques y François Gall. *El filibusterismo.*
Gall, Jacques y François Gall. *La pintura galante francesa.*
Gould, Carol C. *Ontología social de Marx.*
Grant, Edward. *La ciencia física en la Edad Media.*
Gregory, Michael y Carroll, Susanne. *Lenguaje y situación.*
Griffiths, A. Phillips. *Conocimiento y creencia. Lecturas filosóficas de
    Oxford.*

Grisoni, Dominique. *Políticas de la filosofía.*
Guignebert, Charles. *El cristianismo antiguo.*
Guignebert, Charles. *El cristianismo medieval y moderno.*
Guiraud, Pierre. *El lenguaje del cuerpo.*
Guiraud, Pierre. *La semántica.*
Guthrie, William Keith Chambers. *Los filósofos griegos.*

Jahning, Dieter. *Historia del mundo: historia del arte.*
Jaspers, Karl. *La filosofía desde el punto de vista de la existencia.*
Jeans, James Hopwood. *Historia de la física. Hasta mediados del siglo XX.*
Jolivet, Pierre. *Los insectos y el hombre.*

Lefebvre, Georges. *La Revolución francesa y el Imperio.*
Lefebvre, Henri. *Nietzsche.*
Leftwich, Adrián. *¿Qué es la política?*
Lerry, Jean-Bernard. *Los desechos y su tratamiento.*
Lévi-Strauss, Claude. *El pensamiento salvaje.*
Lévi-Strauss, Claude. *El totemismo en la actualidad.*
Levin, Harry. *James Joyce.*

Murdoch, Iris. *El fuego y el Sol.*
Murray, Gilbert. *Eurípides y su tiempo.*
Murray, John Middleton. *El estilo literario.*
Mussot-Goulard, Renée. *Carlomagno.*
Myers, Edward D. *La educación en la perspectiva de la historia.*
Nidditch, Peter Harold. *Filosofía de la ciencia.*
Nohl, Herman. *Antropología pedagógica.*
Nohl, Herman. *Introducción a la ética.*

Oppenhein, Félix Errera. *Ética y filosofía política.*
Orozco, José Luis. *Henry Adams y la tragedia del poder norteamericano.*

Paulme, Denise. *Las esculturas del África negra.*
Paupe, Jean. *La alergia.*
Paz, Juan Carlos. *La música en los Estados Unidos.*

Reyes, Alfonso. *La filosofía helenística.*
Reyes, Alfonso. *Trayectoria de Goethe.*

Sadoul, Georges. *Las maravillas del cine.*
Sadoul, Georges. *Vida de Chaplin.*

Struve, Otto. *El universo.*
Sue, Roger. *El ocio.*
Suffel, Jacques. *Gustave Flaubert.*
Szilasi, Wilhelm. *¿Qué es la ciencia?*

Taylor, Alfred Edward. *El pensamiento de Sócrates.*

Weischedel, Wilhelm. *Los filósofos entre bambalinas.*
Werblowsky R. J. Zwi. *Más allá de la tradición y la modernidad.*
Westheim, Paul. *El grabado en madera.*
Westheim, Paul. *La calavera.*
White, Alan R. *La filosofía de la acción.*
Whitrow, G. J. *La estructura del universo.*
Wilson, Edmund. *Los rollos del Mar Muerto.*
Wilson, Edmund. *Ventana a Rusia.*
Wilson, John Albert. *La cultura egipcia.*